W0352877

In dieser Reihe sind
bisher erschienen:

Richtig Aerobic
Richtig Aikido
Richtig Badminton
Richtig Basketball
Richtig Bergsteigen
Richtig Body-Styling
Richtig Carven
Richtig Fahrtensegeln
Richtig Fitness-Skating
Richtig Fußball
Richtig Golf
Richtig Golf länger und genauer
Richtig Golf rund ums Grün
Richtig Handball
Richtig Hanteltraining
Richtig Hochtouren
Richtig Inline-Skating
Richtig Judo
Richtig Kanufahren
Richtig Karate
Richtig Laufen
Richtig Marathon
Richtig Mountainbiken
Richtig Muskeltraining
Richtig Paragliding
Richtig Qi Gong
Richtig Reiten
Richtig Rennradfahren
Richtig Sanftes Krafttraining
Richtig Schwimmen
Richtig Segeln
Richtig Skitouren
Richtig Snowboarding
Richtig Sporternährung
Richtig Sportklettern
Richtig Stretching
Richtig Taekwondo
Richtig Tai-Bo
Richtig Tai Chi
Richtig Tanzen Lateinamerikanische Tänze
Richtig Tanzen Modetänze
Richtig Tanzen Standardtänze
Richtig Tauchen
Richtig Tennis
Richtig Tennistraining
Richtig Tischtennis
Richtig Torwarttraining
Richtig Trainieren im Fitness-Studio
Richtig Trainieren mit der Pulsuhr
Richtig Triathlon
Richtig Volleyball
Richtig Walking
Richtig Yoga

PUMA

BLV SPORTPRAXIS TOP

RICHTIG

Franz Wöllzenmüller

Laufen

blv

Bibliographische Information
Der Deutschen Bibliothek

Die Deutsche Bibliothek verzeichnet diese Publikation in der Deutschen Nationalbibliographie; detaillierte bibliographische Daten sind im Internet über http://dnb.ddb.de abrufbar.

Franz Wöllzenmüller, Jahrgang 1944, hat 1960 in einem Münchner Vorortverein mit dem Laufen begonnen. Er ist Verfasser zahlreicher Bücher zu den Themen Skilanglauf, Ausdauertraining und Gesundheitssport.

Bildnachweis
Alle Fotos von chili-photograhpy
Andreas Meier, außer:
Archiv Konopka: S. 6, 40
Bongarts/Heinemann: S. 7u., 115
Bongarts/Schneider: S. 108
Fischer Ski: S. 52
Gonseth, Andreas: S. 5, 6, 20, 27, 28 u., 37, 47, 57, 90
Gonso Sportmoden: 14, 17, 83, 92
Jump/Lenz: S. 49
Jump/Sandkühler: S. 18, 102
Jump/Yey: S. 53
Mauritius/Pöhlmann: S. 36
Mauritius/Stock Image: S. 77
Schirmaier, Armin: S. 103, 117, 118
Seer, Ulli: S. 28 o., 29, 58, 61, 110
Sigma Sport: S. 94
Stockfood: S. 80
Tylö-saunafreizeit (www.tylo.de): S. 78

Umschlagfotos:
Jump/Sandkühler (Vorderseite)
Bongarts/Hassenstein (Rückseite)

Grafiken: Jörg Mair

BLV Verlagsgesellschaft mbH
München Wien Zürich
80797 München

BLV Sportpraxis Top

Lektorat: Maritta Kremmler
Layoutkonzeption: Parzhuber & Partner
Layout und DTP: Gaby Herbrecht, München
Herstellung: Rosemarie Schmid
Umschlaggestaltung: Joko Sander Werbeagentur, München

Gedruckt auf chlorfrei gebleichtem Papier

Printed in Germany · ISBN 3-405-16702-7

Hinweis
Das vorliegende Buch wurde sorgfältig erarbeitet. Dennoch erfolgen alle Angaben ohne Gewähr. Weder Autor noch Verlag können für eventuelle Nachteile oder Schäden, die aus den im Buch vorgestellten Übungen und Informationen resultieren, eine Haftung übernehmen.

EINFÜHRUNG 8

AUSRÜSTUNG 10

Schuhe 10

Orthopädie in Kurzform 10

Schuhgröße, Schuhbreite und Leistenform 12

Körpergewicht 13

Laufgelände 13

Schuhkauf 15

Bekleidung 15

Bekleidung in der warmen Jahreszeit 15

Bekleidung im Frühjahr, im Herbst und an kühlen Sommertagen 17

Bekleidung im Winter 17

LAUFTECHNIK 21

Grundlagen der Lauftechnik 21

Aufsetzen der Füße 21

Schrittlänge 23

Armarbeit, Handhaltung, Körperhaltung 24

Atmung 25

Eine kleine Laufschule 27

Kniehebelauf 27

Skippings 27

Anfersen 28

Hopserlauf 28

Seitliches Übersetzen 29

RUND UMS LAUFEN 31

Laufen und Gesundheit 31

Bewegungsmangel: Risikofaktor Nummer 1 31

Die positiven Wirkungen des Ausdauersports auf die Gesundheit 32

Inhalt

Laufen im Alter 39

Laufen und Psyche 41

Überlastungsschäden am Bewegungsapparat 44

Was kann ich tun, wenn Probleme auftreten? 45

Andere Ausdauersportarten 46

Rad fahren 47

Schwimmen 48

Bergwandern 50

Skilanglauf 51

Lauftraining der Frau 52

Läufer und Hunde 55

Laufen mit Kindern 56

Übergewichtige Kinder 56

NACH DEM LAUF IST VOR DEM LAUF 59

Stretching 61

Stretchingprogramm: Die wichtigsten Übungen 62

Gymnastik 66

Gymnastik-/Mobilisationsprogramm: Die wichtigsten Übungen 67

Krafttraining 70

Krafttrainingsprogramm: Die wichtigsten Übungen 71

Regeneration 76
Aktive Regeneration 76
Passive Regeneration 77

ERNÄHRUNG 79
Lebensmittelqualität 81
Mineralstoffe, Spurenelemente und Vitamine 83
Nährstoffpräparate 84
Nährstoffaufnahme 89
Schwitzen und Trinken 89
Selbst hergestellte Elektrolytdrinks 89

LAUFPROGRAMME 91
Wo kann ich Laufen? 91
Wenn Sie in der Stadt wohnen 91
Wenn Sie auf dem Land wohnen 92
Wann kann ich Laufen? 92
Laufen bei Hitze 93
Laufen bei Kälte 93
Laufen bei Regen 93
Laufen bei Schnee und Eis 93

Laufprogramm 1: Einsteiger 93
Atmung 93
Pulsfrequenz 94
Laufprogramm 2: Gesundheitsläufer – Wiedereinsteiger 103
Eine kleine Trainingslehre 103
Laufprogramm 3: Zehn Kilometer bis Halbmarathon 109
Dauerlauf 109
Fahrtspiel 110
Laufprogramm 4: Marathon 115
Wann habe ich zu viel trainiert? 117

Register 124

Einführung

»Alles, was diese riesige Zahl von Laufspezialisten schreibt und in Form von Büchern und Zeitschriften verbreitet, mag ja stimmen und fachlich durchaus richtig sein, aber wie kann ich diese Informationen in mein tägliches Leben integrieren? Diese Laufgurus mögen ja Recht haben, aber können sie sich noch in einen Menschen hineinversetzen, der nach 10 Minuten Laufen eigentlich schon wieder aufhören möchte? Ich habe das Laufen schon mehrmals versucht, aber wie schaffe ich es, dass ich regelmäßig dabeibleiben kann?«

In vielen Gesprächen, die ich zum Thema Laufen geführt habe, tauchten diese oder ähnliche Fragen auf. Ein Buch ist immer auch ein Dialog des Autors mit dem Leser. Ein schwieriger Dialog, denn in einem persönlichen Gespräch lassen sich Fragen leichter klären, Zweifel schneller ausräumen und Motivation besser vermitteln.

Ich möchte das »Dialog-Problem« in diesem Buch so gut es geht lösen und damit den größten Nutzen für Sie erzielen. Unser gemeinsames Ziel ist, dass Sie als Leser möglichst viel Freude am Laufen finden.

Als ich 1960 mit dem Laufen begonnen habe, war die Situation ganz anders als heute. Läufer waren in Leichtathletik-Vereinen organisiert und trainierten für den Mittel- und Langstreckenlauf auf der Bahn. So genannte Waldläufe waren spezielle Ausdauer-Trainingsformen, die in der wettkampffreien Zeit von Oktober bis April absolviert wurden.

Die Geschichte der heutigen Laufbewegung wurde von Otto Hosse, einem rührigen Allgäuer, in Bewegung gesetzt. Anfang der 1960er-Jahre organisierte dieser Pionier den ersten »Volkslauf« und traf damit auf ein großes Interesse. Das Laufen für »Jedermann« war geboren und entwickelte eine ungeahnte Dynamik. Aber in dieser Form des Lau-

Laufen – Regeneration für Körper, Geist und Seele

fens steckt auch immer ein wenig Wettkampfcharakter. Mit diesem Buch möchte ich etwas anderes als eine Fortsetzung des heutigen Berufs- und Alltagsstresses erreichen: Sie sollen mit dem Laufen einen bewussten Gegenpol setzen und sozusagen beim Training immer einen Kurzurlaub machen.
Unsere wichtigsten Ziele sind:

- Freude am Laufen gewinnen!
- Die Natur bewusster erleben!
- Den eigenen Körper bewusster erleben!

Daraus folgt automatisch:

- Dass Sie Stress abbauen!
- Dass Sie das Beste für Herz und Kreislauf tun!
- Dass Sie das Beste für Ihre Figur tun!
- Dass Sie das Beste für Ihre gesamte Gesundheit tun!

Lassen Sie uns gemeinsam versuchen, diesen Zielen ein ganzes Stück näher zu kommen.

Franz Wöllzenmüller

Ausrüstung

Schuhe

»Hilfe!! Wer hilft mir bei der Wahl des richtigen Laufschuhs?«
Selbst der erfahrene Läufer ist verblüfft über dieses riesige Sortiment an Laufschuhen. Die harte Konkurrenz unter den Herstellern kommt heute den Läufern zugute, denn an der Qualität der Modelle wird ständig gearbeitet. Einen guten Schuh zu finden ist nicht problematisch, doch die richtige Wahl des Modells, das am besten zu meinem Fuß, zu meinem Laufstil, zu meinem Körpergewicht und zu meinem Laufgelände passt, ist nicht immer ganz einfach.
Die folgenden Erläuterungen sollen Ihnen helfen, die Kriterien für die individuelle Schuhauswahl herauszufinden.

Das Angebot an Laufschuhen ist riesig.

Orthopädie in Kurzform

Je mehr Sie über Ihre persönlichen orthopädischen Fußstellungen wissen, umso näher kommen Sie Ihrem »Idealschuh«.

- Lassen Sie Ihre Füße von einem Fachmann begutachten. Das heißt: Gehen Sie zu einem Orthopäden, Sportarzt oder Orthopädietechniker. Der überwiegende Teil der Menschen in den Industrienationen leidet an einer Fußdeformität.

Der Senkfuß/Plattfuß

Das Längsgewölbe des Fußes ist abgeflacht und meist ist auch eine Knickfußbildung vorhanden. Häufig ist in diesem Fall auch eine leichte X-Beinstellung festzustellen (siehe Grafik S. 11 rechts).
Beim Laufen spricht man dann von einer so genannten **Überpronation,** das heißt, dass der Fuß übermäßig nach innen einknickt.

Der Hohlfuß

In Verbindung mit O-Beinen kommt es zu einer überdurchschnittlichen Anhebung des Fuß-Längsgewölbes. Beim Laufen tritt meist eine **Supination** auf, das heißt, dass der Fuß in erster Linie über den Außenrand abgerollt wird.

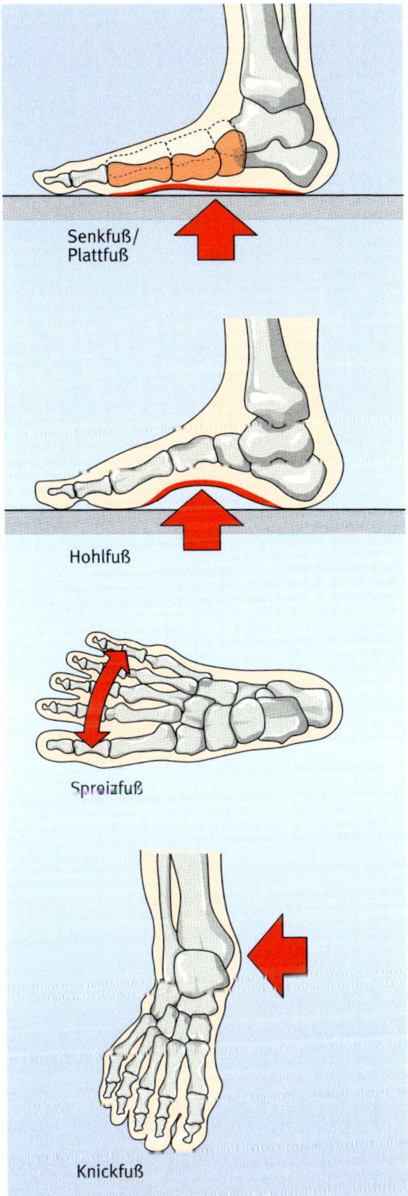

Der Spreizfuß

Bei dieser Form der Fußdeformität ist die Querwölbung im Vorfußbereich stark abgesunken, was mit einer Fußverbreiterung einhergeht. Beim Spreizfuß ist darauf zu achten, dass der Schuh vorne breit genug ist und dem Fuß ausreichend Platz bietet. Sonst sind Schmerzen und Probleme im Vorfußbereich vorprogrammiert.

Häufig ist ein Fußproblem auch an den alten Laufschuhen abzulesen. Sehen Sie sich Ihre alten Laufschuhe an: Sind diese stärker am Innenrand oder am Außenrand abgenutzt?

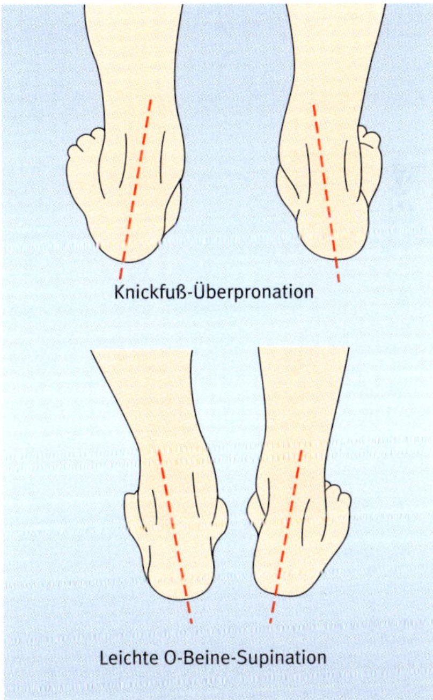

Bei extremer Fußstellung wird Ihnen Ihr Fußfachmann zu orthopädischen Einlagen raten, die heute in hervorragender Ausführung in jeden Laufschuh passen.

Schuhgröße, Schuhbreite und Leistenform

Laufschuhe müssen die richtige **Länge** haben, die meist ein bis eineinhalb Nummern größer ist als bei normalen Straßenschuhen. Oder: Zwischen dem längsten Zeh und der Schuhspitze (innen) sollten beim Stehen (nicht sitzen!) 1,2 bis 1,5 cm Spielraum sein.
Aber genauso wichtig ist die richtige **Schuhbreite**. Diese ist bei den verschiedenen Modellen und Herstellern unterschiedlich. Meist wird beim Kauf neuer Schuhe nur auf die Schuhgröße/-länge geachtet, dabei ist die Breite ebenso wichtig.
Sie sollten bedenken, dass beim Laufen im Moment des Fußaufsetzens eine Dehnung des Fußes in der Breite stattfindet. Dies umso stärker, wenn ein Läufer bereits einen Spreizfuß hat.
Schmerzen im Vorfußbereich können auf einen zu schmalen Schuh hindeuten.
Ein weiteres Kriterium ist die Wahl des **Leistenmodells**. Verschiedene Hersteller bieten Modelle mit geradem oder gebogenem Leisten an. Der Leisten ist sozusagen das Modell des Fußes, nach dem der Schuh geformt und gefertigt wird. Sehen Sie sich Ihre alten Laufschuhe an! Sie werden erkennen, dass

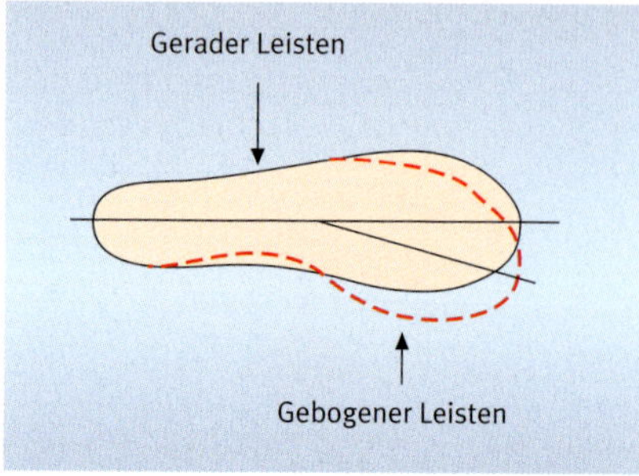

sich die Form verändert hat. Die Zahl der Läufer, die einen gebogenen Leisten benötigen, ist gar nicht unerheblich – sie dürfte bei etwa 50 Prozent liegen.

Der gebogene Leisten
Ein Läufer sollte zum gebogenen Leisten greifen, wenn er den Fuß stärker über die Fußaußenkante abrollt. Diese Leistenform ist auch die Wahl, wenn die Zehen in einem Modell mit geradem Leisten zu wenig Platz haben.

Der gerade Leisten
Natürlich für einen Läufer mit geradem Fuß. Meist ist diese Leistenform auch angezeigt bei Fehlstellungen wie Knick- oder Senkfuß.

Wichtig:
- **Schuhgröße:** 1,2 bis 1,5 cm Spielraum an der längsten Zehe.
- **Schuhbreite:** Der Fuß hat bequem Platz in der Breite.
- **Leistenform:** Ich benötige
– einen geraden Leisten
– einen gebogenen Leisten.

Körpergewicht

Jeder von uns weiß, ob seine »Pfunde« im persönlichen Normbereich sind oder ob Übergewicht vorliegt.
Die Annahme, dass für einen schweren Läufer ein besonders stark gedämpfter Schuh die richtige Wahl ist, ist leider falsch. Je höher das Gewicht ist, umso kompakter muss der Schuh sein.

Laufgelände

Laufschuhe werden auch für unterschiedliche Geländearten angeboten. Läuft man vorwiegend auf Straßen, wird ein anderes Modell zu bevorzugen sein als beim Training auf Naturwegen. Hier spielen die Laufsohle, der Sohlenaufbau und die Stütze des Schuhs eine Rolle.

Laufen Sie dort, wo es Ihnen am meisten Spaß macht.

Richtig ausgerüstet über Stock und Stein

Checkliste:

- ☐ Habe ich eine Fußfehlstellung? Wenn ja – welche?
- ☐ Ich lasse meine Füße vom Spezialisten checken!
- ☐ Den Spezialisten frage ich gleich, ob ich Schuheinlagen benötige.
- ☐ Ich achte auf die richtige Schuhgröße (1,2 bis 1,5 cm Spielraum).
- ☐ Ich achte auf die richtige Schuhbreite (besonders beim Spreizfuß).
- ☐ Ich wähle den für mich richtigen Leisten (gebogen oder gerade).
- ☐ Ich greife zu Schuhen mit guter Stütze, wenn ich Übergewicht habe.
- ☐ Ich wähle meine Schuhe nach dem bevorzugten Laufgelände.
- ☐ Ich kaufe und probiere meine neuen Schuhe erst am Nachmittag (die Füße sind stärker angelaufen).
- ☐ Wenn ich Einlagen trage, bringe ich diese zum Schuhkauf mit (Einlagen, die für das Laufen geeignet sind!).
- ☐ Wer regelmäßig trainiert, braucht ein zweites Paar Schuhe (nasse Schuhe trocknen erst in 2 bis 3 Tagen).
- ☐ Das zweite Paar soll nicht das gleiche Modell sein (kleinere Probleme mit Schuhen können damit ausgeglichen werden).
- ☐ Beim Anprobieren die Socken tragen, mit denen man später läuft.

Schuhkauf

Für alle, die mit dem Laufen beginnen wollen, ist ein optimaler Schuh das absolute Muss. Der Trainingsbeginn mit ungeeignetem Schuhwerk hat meist fatale Folgen. Überlastungen und Verletzungen zwingen nicht selten zum Abbruch des Lauftrainings. Alte Tennisschuhe, in der Annahme, »sie reichen schon für den Anfang«, können die Ursache für Fußprobleme – bereits zu Beginn des Lauftrainings – sein.

Tipps zur Schuhpflege:

- Ein uraltes aber bewährtes Rezept bei nassen Schuhen: zum Trocknen mit Zeitungspapier ausstopfen. Einlegesohlen herausnehmen!
- Laufschuhe nicht in der Sonne trocknen, natürlich auch nicht im Wäschetrockner.
- Schuhe nicht in der Waschmaschine waschen, sondern mit Bürste und Wasser säubern.
- Leder hat bei fast allen Laufschuhen ausgedient, also auch keine Lederpflegemittel verwenden.
- Laufschuhe vor dem nächsten Gebrauch richtig trocknen lassen! Deshalb ist ein zweites Paar Laufschuhe sehr nützlich.

Bekleidung

Bekleidung in der warmen Jahreszeit

Die modernen Materialien sind der guten alten Baumwolle meist überlegen, da sie den Schweiß schneller abtransportieren

Zuerst laufen – dann schwimmen

und nicht klatschnass am Körper aufliegen. Die Norweger hatten in den 1960er-Jahren erste erfolgreiche Produktionen mit so genannten Netzhemden aus Baumwolle gestartet und damit die Funktion der heutigen synthetischen Produkte erreicht. Leider sind sie komplett vom Markt verschwunden. An einem warmen Sommertag wird der Läufer keine Bekleidungsprobleme haben: kurze Trainingshose, ein T-Shirt aus funktionellem Material und bei längeren Läufen eine Kopfbedeckung, die gegen starke Sonneneinstrahlung schützt.

Bekleidung im Frühjahr, im Herbst und an kühlen Sommertagen

Die richtige Bekleidung ist immer auch eine Frage der persönlichen Veranlagung. Was der eine Läufer als angenehm empfindet, bewertet der andere als zu warm oder zu kühl.
Speziell das Frühjahr verleitet viele Sportler zu einer unangemessenen Kleidung. Kurze Trainingshosen bei Temperaturen unter 10 Grad können zu Muskelverspannungen/-verhärtungen und damit auch zu Verletzungen führen. Das eigene Empfinden und die individuelle Verträglichkeit müssen im Vordergrund stehen und nicht die Bekleidung der anderen Läufer. Was für den Winter gilt, hat auch in der Übergangszeit seine Berechtigung.
Mehrere dünne Kleidungsschichten sind vorteilhafter und man kann zur Not auch mal ein Unterhemd während des Laufes ausziehen.

Bekleidung im Winter

Was im vorhergehenden Abschnitt gesagt wurde, gilt besonders im Winter: Mehrere dünne Kleidungsstücke sind besser als ein oder zwei dicke. Obligatorisch ist eine Mütze, denn den größten Teil der Körperwärme (ca. 40 Prozent) gibt der Mensch über den Kopf ab. Abgerundet wird das Winterpaket durch Handschuhe.

Unangenehmer als Kälte ist starker Wind. Auch hier hilft das Mehrschichtenprinzip von mehreren dünnen Kleidungsstücken.
Persönlich trage ich winddichte Jacken nur, wenn Kälte mit starkem Wind ge-

Bei Kälte mit starkem Wind: winddichte Jacken

Auch im Winter ist – bei richtiger Bekleidung – Laufen ein Genuss.

	10	8	6	4	2	0	−2	−4	−6	−8	−10
Wind 10 km/h	8	5	3	1	−1	−4	−6	−8	−10	−12	−15
Wind 20 km/h	3	1	−2	−5	−7	−10	−12	−15	−17	−20	−23
Wind 30 km/h	1	−2	−5	−8	−11	−14	−16	−19	−22	−25	−28
Wind 40 km/h	−1	−4	−7	−10	−13	−16	−19	−22	−25	−28	−31

gemessene Temperatur (Kopfzeile); empfundene Temperatur (Zeilen Wind 10–40 km/h)

paart ist. Regen und Schnee können eine wasserdichte, aber atmungsaktive Jacke notwendig machen. Ich habe die Erfahrung gemacht, dass man mit und ohne Regenjacke nass wird. Entweder durch Regen/Schnee oder durch den Verdunstungsstau (Schweiß), der sich unter einer derartigen Jacke bildet. Das alles Entscheidende ist das sofortige Umziehen nach dem Training.
Das halte ich auch so nach dem Skilanglauftraining: Für den Oberkörper habe ich einen Satz trockener Wäsche im Auto – inklusive trockene Wollmütze. Umziehen im Freien, auch bei Minustemperaturen, ist kein Problem, aber eine Erkältung durch nasse Klamotten hat man sich oft schnell eingefangen. Deshalb mein Ratschlag: Wer im Winter oder an kalten Frühjahrs-/Herbsttagen länger als 5 bis 10 Minuten (mit dem Auto) nach Hause unterwegs ist, sollte sich vor der Heimfahrt an Ort und Stelle umziehen.
Bei Wind ist alles anders! Die subjektiv empfundene Temperatur ändert sich gewaltig, je nach Windgeschwindigkeit. Dramatisch wird die Situation im Winter und mancher Skilangläufer kann ein Lied davon singen.
Obenstehend eine Tabelle, die die Diskrepanz zwischen gemessener und empfundener Temperatur zeigt.

Frühjahr/Herbst
- Mehrere Kleidungsschichten: Unterhemd, Pulli, Jacke
- Lange Trainingshose
- Eventuell Regen-/Windjacke

Sommer
- T-Shirt aus modernen Materialien
- Kurze Hose
- Socken
- Eventuell Regenjacke

Winter
- Mehrere Kleidungsschichten: Unterhemd, Pulli, dicke Jacke (Fleece)
- Lange Unterhose
- Lange Trainingshose
- Eventuell Regen-/Windjacke
- Eventuell dicke Socken
- Mütze
- Handschuhe

Diagonalschritt: perfekt ausgeführt

Lauftechnik

Eigentlich ist dem Menschen das Laufen und die richtige Lauftechnik angeboren. Aber die Bürger der Industrienationen haben größtenteils die natürliche Bewegung verlernt.
In diesem Kapitel will ich die grundsätzlichen Themen der Lauftechnik kurz anreißen. Nicht zu verwechseln sind Laufstil und Lauftechnik. Der Laufstil ist die ganz individuelle Art des Laufens eines Menschen. Körpermaße, Bewegungstalent, Muskelkraft und andere persönliche Eigenheiten spielen hier eine Rolle. Je nach Trainingsstand wird sich manchmal auch der Laufstil ändern.

Grundlagen der Lauftechnik

Die Ziele, die wir mit einer guten Lauftechnik erreichen wollen, heißen:

- Überflüssige Bewegungen vermeiden, sowohl mit den Beinen wie auch mit den Armen.
- Die Schrittlänge soll weder zu kurz noch zu lang sein.
- Jeder Läufer soll »seinen« Stil finden, der ihm erlaubt, möglichst ermüdungsfrei lange zu laufen.
- Der Läufer bewegt sich im Diagonalschritt. Das heißt: Arme und Beine bewegen sich »diagonal«. Das rechte Bein und der linke Arm bewegen sich in die gleiche Richtung und umgekehrt. Menschen, die noch ein natürliches Bewegungsgefühl besitzen, können das »Wieder-Erlernen« des Diagonalschritts durch ein bewusstes und in kurzen Abschnitten auch übertriebenes Mitschwingen der Arme beschleunigen.

Dieser Rhythmus lässt sich auch in Gehpausen hervorragend üben.
Im Folgenden wollen wir uns die Lauftechnik in einzelnen Segmenten ansehen.

Aufsetzen der Füße

Ein Thema, das von Experten seit Jahren intensiv diskutiert wird. Es gibt und gab schon immer die so genannten »Vorfußläufer«. Das sind die Läufer, die den Fuß zuerst mit dem Fußballen aufsetzen und die so genannten »Fersenläufer«, die den Fuß zuerst mit der Ferse aufsetzen. Die häufigste und beste Variante angesichts der modernen Sportschuhe ist das Aufsetzen mit dem Mittelfuß. Diesen Läufer nennen wir »Mittelfußläufer«. Das Aufsetzen des Fußes hängt auch mit der Laufgeschwindigkeit zusammen. Sehen wir uns das im Detail an:

Flottes Gehen – Walking
Der Fuß wird mit der Ferse aufgesetzt und nach vorne abgerollt.

Trablaufen – Jogging
Der Fuß wird mit der Ferse oder dem Mittelfuß, also fast flach aufgesetzt und nach vorn abgerollt.

An welcher Stelle trifft der Fuß zuerst auf den Boden?

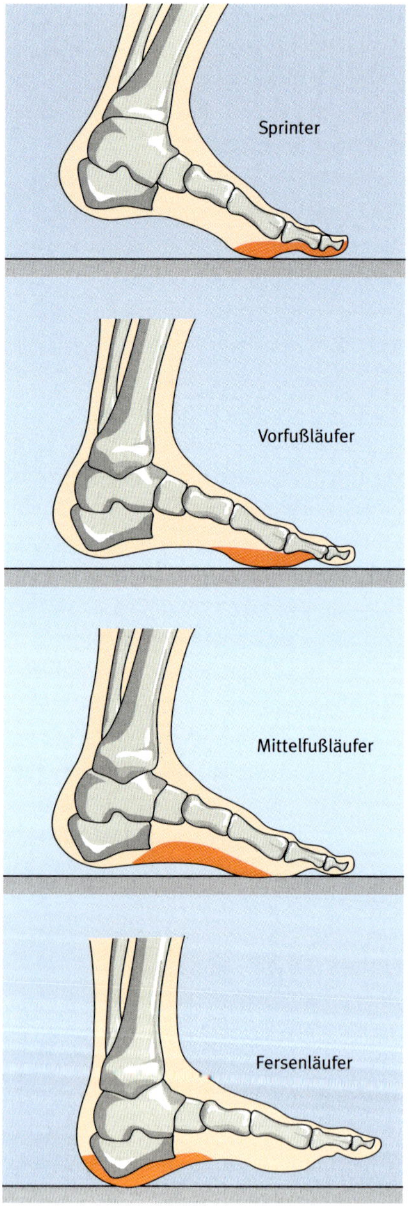

Hohes Lauftempo – Mittelstreckenlauf

Der Fuß wird mit dem Vorfuß aufgesetzt und nach vorne abgerollt.
In der Regel gilt: Je höher die Laufgeschwindigkeit, umso weiter vorn wird der Fuß aufgesetzt. Das hängt natürlich auch von der Zeit ab, die dem Fuß zum Abrollen bleibt. Je schneller das Tempo, umso kürzer der Abrollzeitraum.

Wann soll der Fuß auf den Boden treffen?

Aus der Technik des Aufsetzens sollten wir kein Dogma machen. Aber letztlich hat das Thema auch mit dem Körperschwerpunkt zu tun.

➤ Der Fuß muss so nah wie möglich am Körperschwerpunkt am Boden auftreffen. Das heißt, dass der Fuß dann automatisch mit dem Mittelfuß oder Vorfuß aufgesetzt wird.

➤ Trifft der Fuß vor dem Körperschwerpunkt auf den Boden, muss er zwangsläufig mit der Ferse zuerst aufgesetzt werden. Langfristig kann das zu Beschwerden im Fuß, Bein- und Wirbelsäulenbereich führen (siehe Abb. S. 23 unten).

➤ Ein hervorragendes Techniktraining ist , wenigstens einige Minuten während des Trainings bewusst mit dem Vorfuß aufzusetzen.

➤ Der Fuß wird parallel zur Laufrichtung aufgesetzt, die Zehen nicht nach außen gedreht, das erschwert ein ökonomisches Abrollen.

Tipp:
DVD- und Videorecorder sind ja heutzutage keine Seltenheit mehr. Einen kurzen Technikfilm mit Hilfe eines Partners zu drehen, kann Ihnen helfen, Fehlerquellen herauszufinden und zu korrigieren.

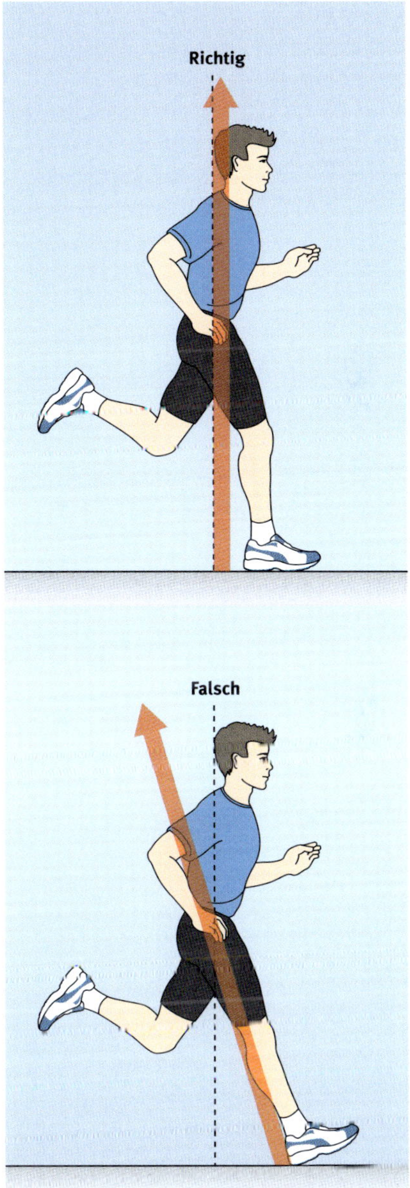

Schrittlänge

Die richtige Schrittlänge ist für den routinierten Läufer kein Thema. Durch viele Trainingskilometer hat sich automatisch das richtige Maß eingestellt. Die Schrittlänge ist von der Laufgeschwindigkeit und den individuellen körperlichen Voraussetzungen abhängig. Ein Läufer, der meint, durch einen größeren Schritt besser (schneller) zu laufen, sitzt einem Irrtum auf. Ein zu langer Schritt führt zu vorzeitiger Ermüdung und dazu, dass der Fuß vor dem Körperschwerpunkt auftrifft (siehe »Aufsetzen der Füße«, S. 21 f.).

➤ Nach physikalischen Grundsätzen hebt sich der durch größere Schritte gewonnene Raum durch größeren Kraft-/Zeitaufwand wieder auf.
➤ Die Kraftersparnis sollte im Vordergrund stehen. Die ökonomischste Schrittlänge stellt sich ein, wenn man nicht bewusst versucht, sie zu verlängern oder zu verkürzen.
➤ Testen Sie sich selbst: Durch spielerisches Verändern der Schrittlänge auf

kurzen Strecken bekommen Sie ein Gefühl für das für Sie richtige Maß.

➤ Veränderungen während des Trainings beim Aufsetzen des Fußes, bei der Schrittlänge und Schrittfrequenz bringen interessante Erfahrungen und gestalten den Lauf lebendiger.

➤ Schrittlänge und Laufstil sind auch ein Ausdruck des persönlichen Temperaments.

Armarbeit, Handhaltung, Körperhaltung

➤ Der Oberkörper ist aufrecht und eher leicht nach vorn geneigt. Wir knicken weder nach vorn ab, noch wird mit einem Hohlkreuz gelaufen. Die Hüfte wird nach vorn gebracht (keine »Sitzhaltung«!).

➤ Der Kopf wird weder zur Brust abgeknickt noch in den Nacken geworfen. Das ist deshalb von Bedeutung, weil die Kopfhaltung auch die Haltung des Oberkörpers beeinflusst.

➤ Der berühmte Lauftrainer Cerutti hat gesagt: »Das Laufen beginnt in den Daumen und endet in den Füßen«. Das heißt, die richtige Armarbeit prägt die Beinarbeit entscheidend (siehe S. 25). Nehmen Sie als Laufneuling die Arme ruhig ein wenig übertrieben mit!

➤ Die Arme pendeln parallel zur Laufrichtung und werden weder vor die Brust geführt noch zu hoch geschwungen.

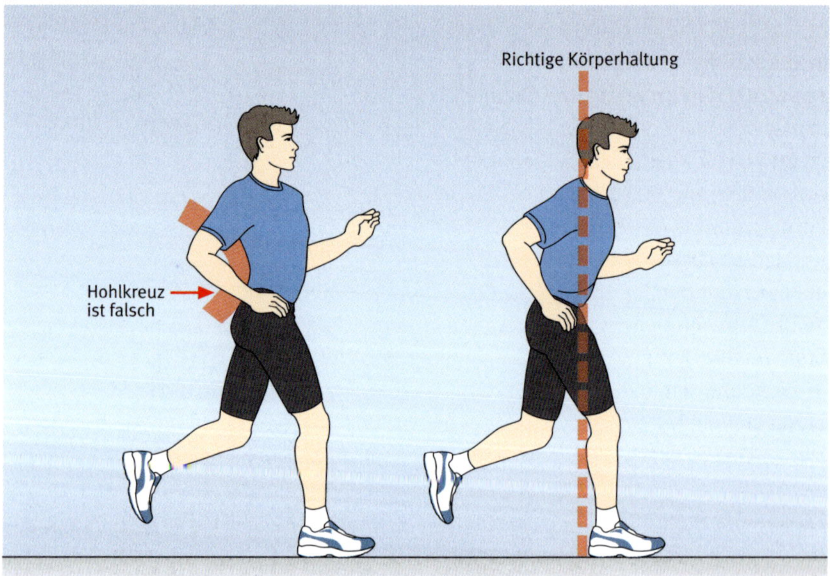

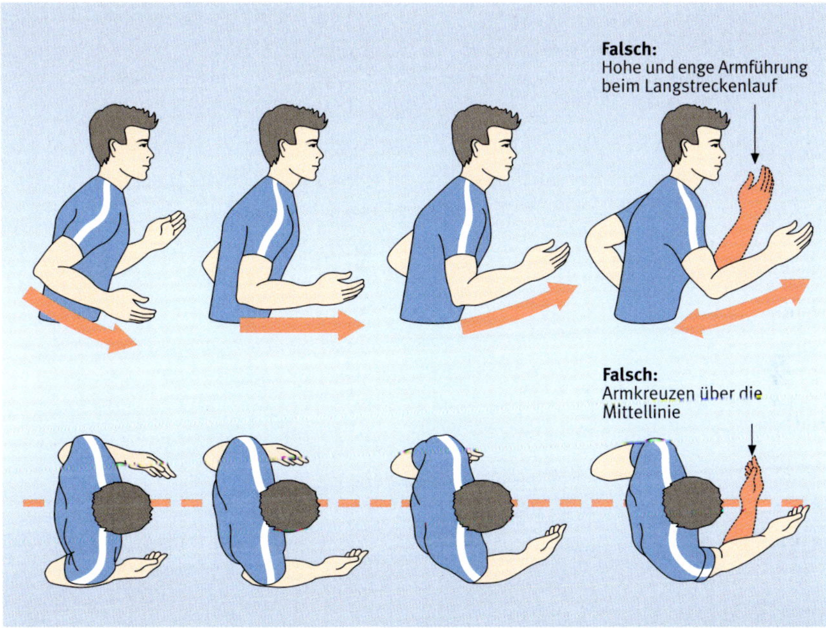

➤ Die Hände werden auf keinen Fall zu Fäusten geballt, sondern sind betont locker.

➤ Durch eine verkrampfte Hand- und Armhaltung wird die gesamte Oberkörpermuskulatur negativ beeinflusst und unter Umständen auch die Atmung erschwert.

➤ Die Arme bilden im Ellbogen einen fast rechten Winkel.

➤ Wenn Sie zu einem eher verkrampften Laufstil neigen, achten Sie auf zwei Dinge: Während des Laufes zwischendurch die Hände und Handgelenke locker ausschütteln und dazu bewusst die Gesichtsmuskulatur völlig entspannen. Denn so wie sich Verkrampfungen in der Gesichtsmuskulatur widerspiegeln, können sie durch eine Gesichtsentspannung auch wieder beseitigt werden.

Atmung

Wer schon längere Zeit läuft, wird seinen Atemrhythmus automatisch gefunden haben. Die Atmung passt sich dem Schrittrhythmus an. Atmen Sie durch Mund und Nase. Und was sehr wichtig ist, atmen Sie bewusst aus! Denn meist verhindert ein zu »flaches« Atmen den vollständigen Luftaustausch. Wenn Sie richtig (bewusst) ausatmen, atmen Sie besser ein!

Ein Sommertag, der zum gemeinsamen Training einlädt.

Eine kleine Laufschule

Diese kleine Laufschule kann ein- bis zweimal wöchentlich in ein Lauftraining eingebaut werden. Wechseln Sie nach Lust und Laune, damit wird auch das Training abwechslungsreicher.

Kniehebelauf

Versuchen Sie, bei ganz kurzen Schritten und gestrecktem Standbein die Knie möglichst hoch zu ziehen. Der Oberkörper ist dabei aufrecht und die Arme schwingen dynamisch mit.

Skippings

Aufrechte Körperhaltung und mit hoher Frequenz zunächst den Vorfuß und dann den ganzen Fuß aufsetzen. Der Raumgewinn ist gering, etwa eine halbe Fußlänge pro Schritt.

Anfersen

Bei schnellen, kurzen Schritten mit den Fersen bis zum Gesäß hochpendeln. Wichtiger als eine hohe Frequenz ist die Ausführung.

Hopserlauf

Wie Sie es als Kind gemacht haben. Der ausführende Fuß hat zweimal Bodenkontakt: links, links – rechts, rechts. Die Arme schwingen kräftig mit.

Seitliches Übersetzen

Seitlich laufen, indem Sie das rechte Bein über das linke setzen und beim nächsten Schritt den Bewegungsvorgang umkehren. Dabei das linke Bein über das rechte setzen. Der Oberkörper bleibt gerade, nur die Hüfte rotiert.

Rund ums Laufen

Laufen und Gesundheit

Ein nicht totzukriegender Faschingsschlager lautet: »Wer soll das bezahlen, wer hat das bestellt ...«. Man könnte meinen, der Urheber dieses Textes hatte unsere Wohlstandsgesellschaft und unser Gesundheitssystem im Blick. Dieses Buch ist sicher nicht der richtige Platz für gesundheitspolitische Diskussionen. Aber nachdem Sie dieses Buch lesen, haben Sie sich offenbar auch entschlossen zu laufen und damit eine ganze Menge für Ihre persönliche Gesundheit zu tun.

Der Bewegungsmangel ist zum Risikofaktor Nummer 1 für Herz-Kreislauf-Erkrankungen und zahlreiche Stoffwechselerkrankungen geworden. Der Bewegungsmangel ist neben völlig falscher Ernährung der Hauptgrund für ein nicht mehr bezahlbares Gesundheitswesen.

Bewegungsmangel: Risikofaktor Nummer 1

Beim Menschen gibt es ein Mindestmaß an Bewegung, das erzielt werden muss, um Muskeln und Organe funktionsfähig zu erhalten. Wird diese Reizschwelle zu selten erreicht, wird der Boden für zahlreiche Erkrankungen bereitet.

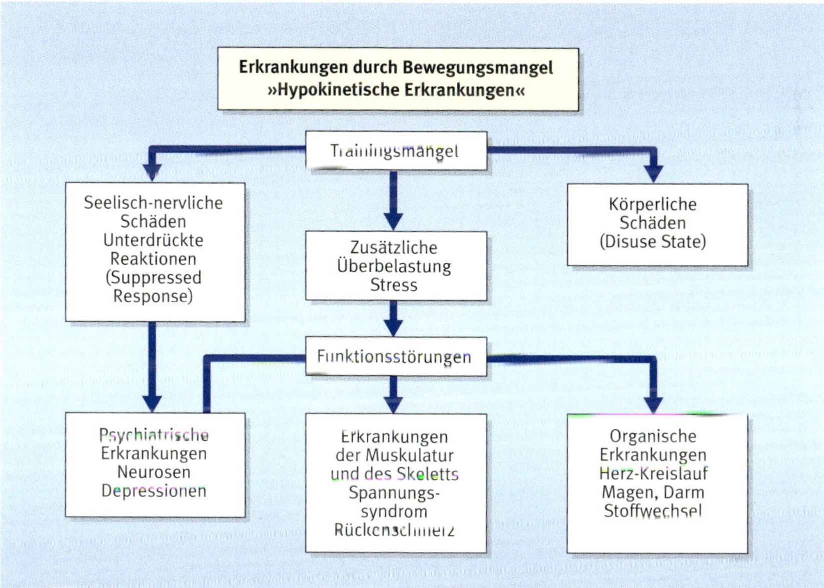

Herz-Kreislauf-Erkrankungen

Sie sind Todesursache Nummer 1 in den Zivilisationsnationen. Zu diesem Erkrankungsbild gehören:

- Die koronare Herzerkrankung mit einer schlechteren Durchblutung der Herzkranzgefäße und der Gefahr eines Herzinfarktes.
- Der Bluthochdruck, also eine übermäßige Erhöhung des Ruhe- und Belastungsblutdruckes kann zur Schwächung des Herzens, zu Arterienverkalkung und Schlaganfall führen.
- Die arterielle Verschlusskrankheit führt zur schlechteren Durchblutung von Armen, Beinen und Organen.
- Die chronisch venöse Insuffizienz führt zu Venenerkrankungen und Thrombosegefahr.

Stoffwechselerkrankungen

Die Zuckerkrankheit (Diabetes mellitus) mit allen Folgeschäden und die Blutfetterhöhung (Cholesterin) mit der Gefahr der Gefäßschädigung werden durch Bewegungsmangel begünstigt.

Übergewicht

Das Übergewicht ist zwar keine direkte Erkrankung, begünstigt aber die Entstehung von Herz-Kreislauf- und Stoffwechselkrankheiten.

Erkrankungen des Bewegungsapparates

Durch Bewegungsmangel und Überlastung werden Arthrose und Wirbelsäulenerkrankungen begünstigt. Mitursache für Osteoporose kann Bewegungsmangel sein.
Denn nur bei körperlicher Belastung kann der Organismus den Kalk in die Knochen einbauen. Die Skelettbelastung ist hierbei entscheidend. Schwimmen mit der körperlichen Entlastung durch den Wasserauftrieb ist deshalb als Vorbeugungstraining gegen Osteoporose ungeeignet.

Psychische Regulationsstörungen

Siehe »Laufen und Psyche«, S. 41.

Die positiven Wirkungen des Ausdauersports auf die Gesundheit

Nach den leider nicht übertriebenen Negativaussagen über die katastrophalen Auswirkungen des Bewegungsmangels möchte ich Ihnen jetzt die positiven Wirkungen des Ausdauertrainings, insbesondere des Laufens vorstellen.

Auswirkungen auf Herz und Kreislauf

Bei der koronaren Herzerkrankung ist eine mangelnde Durchblutung und damit ein Sauerstoffmangel der Herzmuskulatur vorhanden. Ausdauertraining hat zwei Wirkungen: Es verbessert die Durchblutung/Sauerstoffversorgung der Herzmuskulatur und senkt gleichzeitig den Sauerstoffverbrauch des Herzens. Wie das geschieht, will ich Ihnen in einem kurzen Rechenexempel vorstellen:

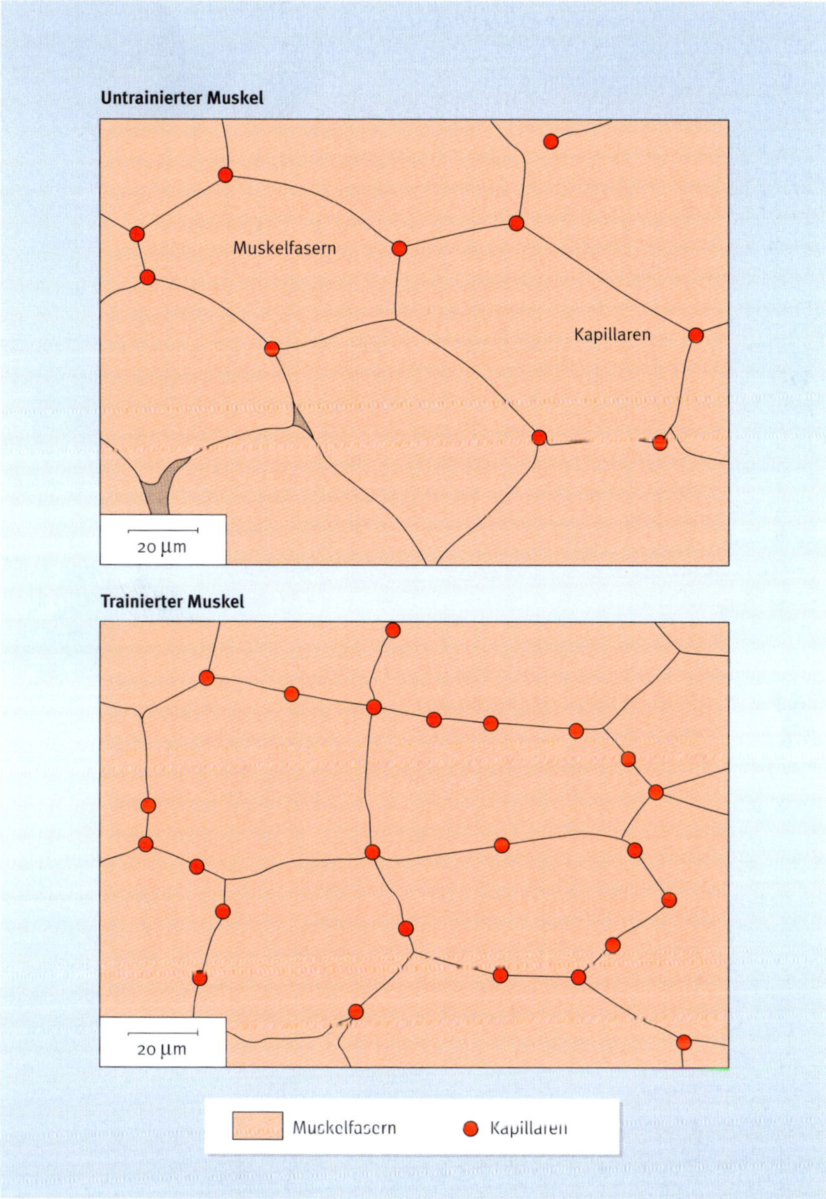

Durch Ausdauertraining wird die Anzahl und Gesamtlänge der Kapillaren deutlich vergrößert.

Das Herz des Untrainierten schlägt in Ruhe 70- bis 80-mal, das Herz des Trainierten 50- bis 60-mal. Das sind ca. 1200 Schläge mehr in der Stunde, 29.000 mehr pro Tag und 10,5 Millionen Schläge mehr pro Jahr. Bei dieser Kalkulation sind körperliche Belastungen oder Stress noch nicht enthalten, diese machen die Bilanz für den Untrainierten noch viel schlechter. Und ein gewaltiger Einspareffekt für das trainierte Herz kommt noch hinzu: Eine Herzfrequenzabnahme von 10 Schlägen pro Minute bringt eine Sauerstoffeinsparung von ca. 15 Prozent!

Ein weiterer sehr wichtiger Punkt kommt noch hinzu: Durch Ausdauertraining wird die Gesamtzahl und Länge der feinen und feinsten Blutgefäße (Kapillaren) deutlich erhöht. Das gesamte Blutversorgungsnetz wird dichter und die Sauerstoffversorgung deutlich verbessert. Auch beim Blutdruck hat der Ausdauersport positive Auswirkungen. Das regelmäßige, dosierte Training im Ausdauerbereich kann hormonell bedingte Gefäßverengungen beseitigen (Stress). Untersuchungen an Ausdauersportlern zeigen, dass Bluthochdruck-Erkrankungen in dieser Gruppe deutlich geringer sind.

Ist bereits eine arterielle Verschlusskrankheit vorhanden, kann entsprechend gesteuertes Training die Durchblutung verbessern. Dazu tragen folgende Wirkungen bei: Die Verformbarkeit der roten Blutkörperchen wird verbessert, das heißt, dass Engstellen im Gefäßsystem besser passiert werden können. Außerdem werden vorhandene Blutgerinnsel schneller abgebaut und die Neigung zu Thrombosen verringert. Im venösen Bereich kommt außerdem die Pumpwirkung der Muskulatur (Muskelpumpe) hinzu, die die Arbeit der Venen wirkungsvoll unterstützt.

Auswirkungen auf Diabetes

Speziell bei der erworbenen (in geringerem Maße bei der ererbten) Zuckerkrankheit kann durch regelmäßiges Ausdauertraining eine Verbesserung der Gesamtsituation erreicht werden. Durch das Training wird der Blutzucker verstärkt abgebaut durch Verbrennung und besseren Einbau in Körperzellen (Muskel und Leber).

Bei bestehender Diabetes ist allerdings eine ständige und genaue Kontrolle des Blutzuckers erforderlich und ein entsprechend dosiertes Training.

Auswirkungen auf erhöhte Cholesterinwerte

Durch Laufen und andere Ausdauersportarten wird die Gesamtsituation der Blutfettwerte verbessert. Das Gesamtcholesterin wird deutlich absinken. Beim Cholesterin kennt man verschiedene Stoffe. Die wichtigsten sind das LDL (Low-Density-Lipoproteine), das so genannte »böse« Cholesterin, und HDL (High-Density-Lipoproteine), das »gute« Cholesterin.

Untersuchungen haben eindeutig gezeigt, dass durch regelmäßiges Ausdauertraining der Anteil am »guten« Cholesterin HDL vergrößert wird. Wie stark die Gefährdung eines Menschen durch hohe Cholesterinwerte ist, hängt nicht nur vom absoluten Wert ab, sondern auch vom Verhältnis zwischen HDL und LDL. HDL wirkt nach medizinischen Erkenntnissen der Entstehung von Arteriosklerose (Arterienverkalkung) entgegen. Die durch Ausdauertraining hervorgerufene Verschiebung im Verhältnis der Lipoproteine hat somit eine vorbeugende Wirkung gegen Arteriosklerose, Herzinfarkt und Schlaganfall.

Auswirkungen auf das Blut

Auch das Blut wird vom Training beeinflusst. So ist bekannt, dass ein regelmäßig betriebener Ausdauersport den Anteil des eisenhaltigen Blutfarbstoffs (Hämoglobin) erhöht. Dieses Hämoglobin nimmt den Sauerstoff in der Lunge auf und transportiert ihn zu den Körperzellen. Es liegt auf der Hand, dass damit die gesamte Sauerstoffversorgung des Körpers verbessert wird. Im Hochleistungssport zielt das regelwidrige Blutdoping auch auf eine Erhöhung der Hämoglobinwerte ab.

Auswirkungen auf Atmung und Lunge

Ausdauertraining beeinflusst die Atmung in hohem Maße. Durch Bewegungsmangel geht meist auch die Fähigkeit verloren, optimal zu atmen. Das Laufen sorgt ganz automatisch für eine bessere Atmung und damit für Lungenbelüftung sowie Gasaustausch. Außer-

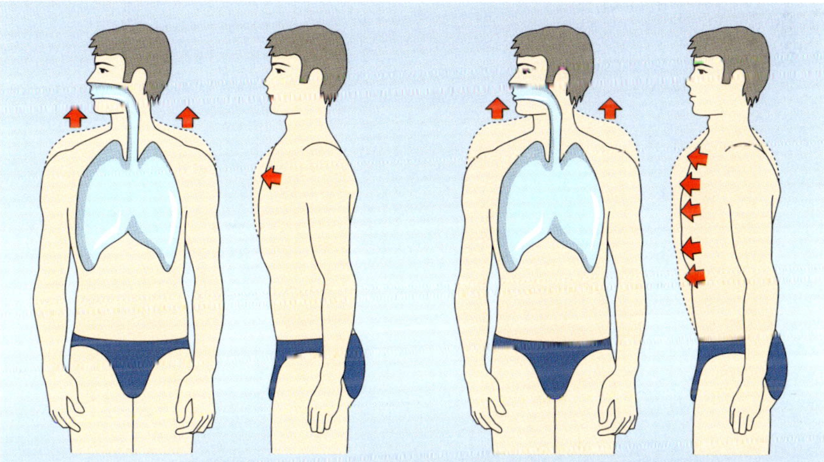

Falsch
die Atmung ist zu flach (reine Brustatmung)

Richtig
Brustatmung und Bauchatmung

dem werden die an der Atmung beteiligten Atemmuskeln wie das Zwerchfell und andere Muskeln leistungsfähiger. Beim Waldlauf kann man ruhig von einer Sauerstoffdusche für den ganzen Körper sprechen. Die Wirkungen des Sauerstoffs auf das Gehirn wird jeder feststellen, der seinen Kopf noch nicht frei hat und einen Waldlauf unternimmt. Manche Läufer behaupten, dass sie beim Training die besten Ideen haben. Bei dieser Gelegenheit möchte ich noch ein Wort zum Rauchen sagen: Durch die Kohlenmonoxideinatmung wird die Sauerstoffaufnahme verschlechtert. Damit behindert der Raucher die optimale Sauerstoffversorgung des Körpers. Eine deutlich verminderte Belastbarkeit ist die Folge. Dazu kommen Nebenwirkungen wie erhöhtes Krebs- und Infarktrisiko.

Langsames Laufen – die beste Fettverbrennung!

Auswirkungen auf das Körpergewicht

Was wird nicht alles publiziert und produziert zum Thema »Schlankheit«. Die publizierten Produkte (Bücher, Zeitschriften) sind in den meisten Fällen erfolglos, die produzierten Produkte (Schlankheitsmittel) nicht selten gesundheitsschädlich oder einfach wirkungslos. Welche Qualen werden bei Hungerdiäten ausgestanden, um überflüssige Pfunde loszuwerden! Meist sind jedoch diese mühsam abgerungenen Speckpolster nach wenigen Wochen oder Monaten wieder vorhanden. Die »schlanke Linie« ist das Traumziel vieler. Doch es sprechen nicht nur modische Gründe für ein optimales Körpergewicht. Ärzte haben festgestellt, dass 40 Prozent aller inneren Erkrankungen durch falsche Ernährung entstehen. Mit dem Übergewicht steigt auch die Bereitschaft für andere Erkrankungen: Herzinfarkt, Zuckerkrankheit, Schlaganfall, Nierensteine, Gallensteine, erhöhter Blutfettspiegel, Fettsucht und Gicht.

Laufen ist eine der wichtigsten Maßnahmen gegen Herz-Kreislauf-Erkrankungen.

Die Regel ist denkbar einfach:
Nimm täglich nur so viele Kalorien (Joule) zu dir, wie du tatsächlich brauchst!

Wer also nicht weniger essen will, muss sich mehr bewegen. Die vernünftigste und wirklich dauerhafte Abmagerungskur ist eine Reduzierung der Nahrungsmenge, gekoppelt mit mehr Bewegung. Beim leichten Traben verbraucht man zwar wenig Kalorien, aber regelmäßig betrieben (mindestens 3-mal pro Woche) wird es außer dem erhöhten Kalorienverbrauch auch zu einer langfristigen Verbesserung des Stoffwechsels kommen. Ein oft gehörtes Argument ist falsch: Durch Training bekommt man noch wesentlich mehr Hunger. Es ist nachgewiesen, dass sich ein unnatürlich großer Appetit durch Training normalisiert. Ein weiterer wichtiger Punkt wird heute oft übersehen, der aber von Ärzten, die der Naturheilkunde nahe stehen, immer gepredigt wird:

Mindestens einmal am Tag soll der Mensch schwitzen!

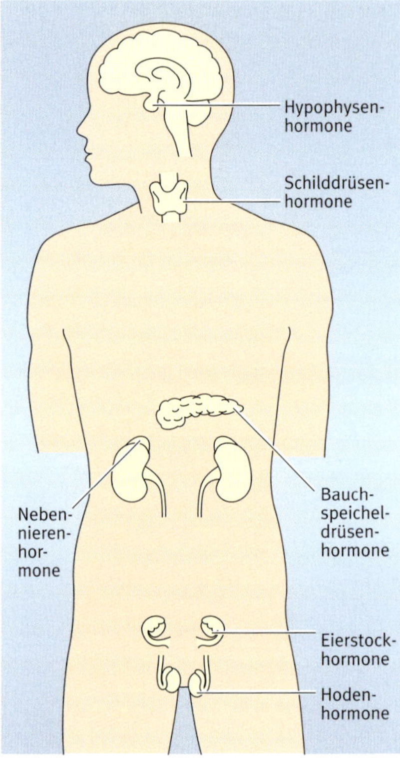

Durch den Schweiß werden viele Stoffwechselschlacken ausgeschieden – der Körper wird entgiftet. So haben Wissenschaftler festgestellt, dass die Entgiftungstätigkeit der Leber durch regelmäßiges Schwitzen stark entlastet wird. Man hat beweisen können, dass bei Ausdauersportarten auch giftige Stoffe, die von Umweltbelastungen herrühren (z. B. das Blei der Autoabgase), durch vermehrte Schweißabsonderung wieder ausgeschieden werden. Allerdings ist »aktives Schwitzen« (durch Sport) dazu viel besser geeignet als das »passive Schwitzen« in der Sauna.

Laufen hat einen positiven Einfluss auf die Hormonproduktion.

Auswirkungen auf den Bewegungsapparat

Natürlich profitiert auch der gesamte Bewegungsapparat vom Lauftraining. So wird durch Bewegung der Osteoporose entgegengewirkt, das haben Studien ergeben. Für den Einbau des Kalks in die Knochen ist Bewegung absolut notwendig (siehe auch S. 32).
Durch Ausdauertraining wird auch die Neubildung der Gelenkknorpel angeregt. Bänder und Sehnen werden gefestigt und nicht zuletzt die Muskulatur trainiert.
Für den Läufer ist es jedoch sehr vorteilhaft, wenn er für das Muskeltraining des Oberkörpers noch andere Ausdauersportarten und ein leichtes Krafttrainingsprogramm in sein Sportrepertoire aufnimmt (siehe »Krafttraining«, S. 70).

Auswirkungen auf das hormonelle System

Ausdauertraining beeinflusst nicht nur die bereits besprochenen Bereiche wie Herz-Kreislauf, Bewegungsapparat u. a., sondern auch das hormonelle System des Körpers (siehe Grafik oben). Zu den wichtigsten Hormonen, die vom Ausdauertraining tangiert werden, zählen Hypophysen-, Schilddrüsen-, Bauchspeicheldrüsen-, Nebennieren-, Eierstock- und Hodenhormone. Diese Hormone spielen in der gesamten Steuerung und Regelung des menschlichen Organismus eine enorm wichtige Rolle. Vereinfacht kann man sagen, dass Ausdauertraining einen günstigen Einfluss auf die Hormonproduktion und Steuerung hat. Als Beispiel kann man die Stresshormone Adrenalin und Noradrenalin nennen. Ausdauertraining bewirkt bei Stressbelastungen eine ausgeglichene Reaktion des Nervensystems.

Laufen im Alter

Diesem Kapitel sei der bekannte Satz des Sportwissenschaftlers Wildor Hollmann vorangestellt.

»Durch geeignetes körperliches Training gelingt es, 20 Jahre lang 40 Jahre alt zu bleiben«.

Die Bedeutung dieser Aussage wird uns erst richtig bewusst, wenn wir uns die Realität ansehen. Ab dem 30. Lebensjahr nämlich, wenn noch niemand an das Alter denkt, beginnt bereits die Aus-

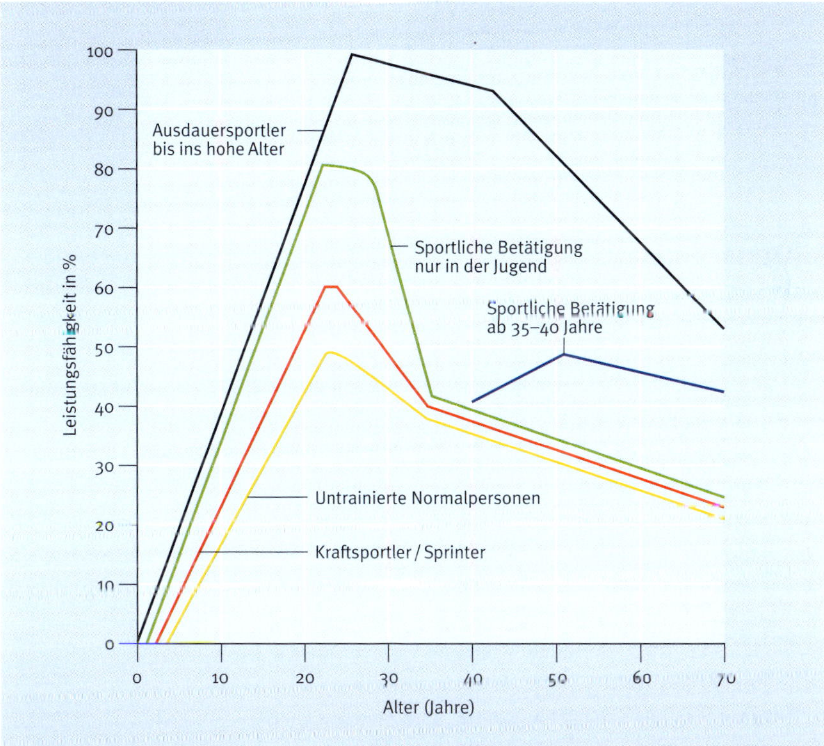

Mit 40 Jahren eine sportliche Karriere beginnen, die sich lohnt.

Langsames Laufen – ein Jungbrunnen!

dauerleistungsfähigkeit und Trainierbarkeit der Skelettmuskulatur abzufallen. Mit 60 Jahren haben beide Parameter rund ein Drittel der ursprünglichen Leistungsfähigkeit eingebüßt. Bänder und Sehnen verlieren an Dehnbarkeit und Elastizität. Die Risiken einer Herz-Kreislauf-Erkrankung nehmen zu. Salopp formuliert: Es geht bergab!

Aber – und das ist der springende Punkt und die Grundaussage von Wildor Hollmann: Durch Training können Sie den Alterungsprozess verlangsamen. Und wenn ich mich in meinem Freundes- und Bekanntenkreis umsehe (viele Läufer und Ausdauersportler), habe ich eine ganze Reihe von lebenden Beispielen, die diese Aussage bestätigen. 60-Jährige, die in Vitalität und Leistungsfähigkeit spielend mit wesentlich Jüngeren mithalten können.

Wenn wir uns die biologischen Gesetzmäßigkeiten anschauen, kann die Wahl der Sportart nur im Ausdauerbereich liegen. Und dort im aeroben Bereich. Was heißt das? Beim Training im aeroben Bereich halten sich Sauerstoffaufnahme und der -verbrauch die Waage. Wir kommen nicht »außer Atem«.

Sportarten mit einem hohen Anteil an Schnellkraft, Maximalbelastungen und Pressatmung sind ungeeignet. In diesen Bereich gehören alle Sportarten, die Sprints, schnelles Antreten und Ab-

bremsen sowie Maximalkraft verlangen. Das Verletzungsrisiko steigt überproportional an und der Trainingseffekt beim Herz-Kreislauf-System ist äußerst gering.
Geeignete Sportarten sind Wandern, Bergwandern, Laufen, Rad fahren, Skilanglauf und Schwimmen. Jeder, der mit dem Sport beginnen will und älter als 35 Jahre ist, sollte vorher eine gründliche sportärztliche Untersuchung absolvieren.
Wie Sie am besten beginnen und was zu beachten ist, finden Sie im Laufprogramm 1 und 2 (siehe S. 93 ff.). Im dosierten Ausdauersport haben Sie nicht nur die Möglichkeit das Leben zu verlängern. Viel wichtiger ist, dass Sie durch das Training viele Jahre leistungsfähig und fit bleiben.

Laufen und Psyche

Die Zahl der Menschen, die in den Ländern der westlichen Zivilisation hungern, frieren oder eine andere Not leiden müssen, ist gering. Wir leben mit einem Standard, von dem Menschen aus Generationen vor uns nicht einmal träumten. Doch der materielle Wohlstand fordert seinen Preis durch enormen Leistungsdruck, Zeitstress und Hetze, aber auch durch Langeweile, Überdruss und Depression. Dazu kommen Bewegungsmangel und falsche Ernährung. Das moderne Leben bringt zwar eine Unzahl von körperlichen Bequemlichkeiten mit sich, aber auch eine bisher nicht gekannte Belastung für die Psyche.
Der moderne Mensch hat verlernt, auf seinen Körper zu hören, und Störungen im Organismus sollen durch das »Einwerfen« eines Mittels möglichst schnell behoben werden. Es gibt Tabletten zur Verbesserung der Verdauung, zum besseren Schlaf, für unzählige, vermeintliche Mängel. Gesundheit zum Einwerfen, wie in einen Automaten. So funktioniert aber unser Körper nicht. Dieses Wunderwerk an Steuerung und Regelung kann oft über Jahrzehnte den Betrieb ohne Störungen aufrecht erhalten. Aber eines Tages versucht er durch mehr oder weniger häufige »Warnstreiks« den Menschen zur Vernunft zu bringen. Wir müssen stärker auf die Bedürfnisse unseres Körpers achten, damit er in einer Welt des Verstandes nicht total verkümmert mit allen negativen Folgen. Ein Hauptfaktor für zahlreiche Krankheiten ist der übermächtige Stress unserer Tage.
Aber was ist Stress? Ich will mit wenigen Sätzen darauf eingehen: Die riesige Freude über ein besonderes Ereignis bedeutet auch Stress, aber damit ist der so genannte »Eustress« gemeint. Krank machend auf die Dauer ist der negative Stress, der so genannte »Distress«. Der berühmte Stress-Forscher Selye sagt: »Nur der Distress ist jedermanns Feind. Vor ihm allein müssen wir uns hüten«. Dauerhafte seelische und psychische

Nicht zuletzt die Natureindrücke haben einen wunderbaren Einfluss auf die Psyche.

Belastungen führen zu deutlichen Symptomen von Distress. Auf der körperlichen Ebene sind das Verspannungen, Rückenschmerzen, Kopfschmerzen, Verdauungsprobleme, nervöses Schwitzen, erhöhter Blutdruck u. a. Auf der emotionalen Ebene zeigt sich Distress durch Nervosität, Angst, Ungeduld und Erschöpfung. Auf der geistigen Ebene weisen Überdruss, verminderte Schaffenskraft und geistige Erschöpfung auf eine deutliche Überforderung hin. Und schließlich zeigt sich auf der Verhaltensebene eine Überlastung durch Aggressivität, Zigarettenkonsum und übermäßiges Essen und Trinken. Zwischen diesen Symptomen gibt es auch eine Wechselwirkung: Körperliche Störungen führen zu psychischen Störungen und umgekehrt.

Am deutlichsten tritt das Stressgeschehen beim vegetativen Nervensystem zutage. Dieses System regelt alle Körpervorgänge, die nicht dem Willen des Menschen unterworfen sind: Herzschlag, Spannung der Blutgefäßwand, Arbeit des Darms, Arbeit des Magens. Stressgeplagte erhalten die meist nicht ernst genug genommene Diagnose »Vegetative Dystonie«.

Dass Ausdauertraining nicht nur entscheidende Einflüsse auf den körperlichen Bereich hat, wurde bereits angedeutet. Aus zahlreichen Veröffentlichungen ist der euphorische Zustand von Langstreckenläufern, der so genannte »runner's high«, bekannt. Trotz hoher körperlicher Belastung stellt sich ein Glücksgefühl ein, das Wissenschaftler auf eine erhöhte Ausschüttung von körpereigenen morphiumartigen Stoffen zurückführen. Professor Weber hat zum Thema »Seelisches Wohlbefinden durch Laufen« wissenschaftliche Untersuchungen gemacht. Die wesentlichen Ergebnisse dieser Studien will ich hier kurz zusammenfassen.

- Regelmäßiges, dosiertes Laufen verändert das seelische Befinden und führt zu Veränderungen des Lebensstils, auch bezüglich der Ess- und Trinkgewohnheiten.
- Personen, die regelmäßig laufen, fühlen sich besser, das heißt: vitaler, leistungsfähiger, selbstbewusster.
- Läufer schätzen auch ihre seelische Verfassung besser ein: Sie fühlen sich angstfreier, weniger depressiv, ausgeglichener und den Alltagsproblemen besser gewachsen.

Besonders interessant ist, dass Prof. Weber bei seiner Arbeit auch eine deutliche Verminderung des Faktors »Angst« herausgefunden hat. Stress steht in engem Zusammenhang mit Angst, denn eine Reihe von Stressfaktoren erzeugen auch Angst: Konkurrenz- und Leistungsdruck, Einsamkeit, die lebensfeindliche Umwelt – das alles sind Angstauslöser. Nach den Untersuchungsergebnissen führt dosiertes Lauftraining in hohem Maße zum Abbau von Angst und Stress.

Zusammenfassend kann man sagen, dass langsames Lauftraining geeignet ist zur:

- Verbesserung der Vitalität
- Steigerung der Lebensenergie
- Erhöhung der Selbstachtung
- seelischen Ausgeglichenheit
- Stress- und Angstbewältigung

Dies wird durch verschiedene Studien dokumentiert.

Überlastungsschäden am Bewegungsapparat

Erfreulicherweise ist das Laufen eine äußerst verletzungsarme Sportart im Gegensatz zum Fußball oder alpinen Skilauf. Von akuten Verletzungen abgesehen, wie sie zum Beispiel durch einen Sturz auftreten können, finden wir im Ausdauerbereich eher Überlastungsschäden.

Unser Körper ist im wahrsten Sinne des Wortes ein Wunderwerk. Während sich technisches Material wie beispielsweise ein Auto durch Gebrauch abnützt und verschleißt, reagiert das Biosystem unseres Körpers ganz anders. Bei erhöhter Beanspruchung wird auch ein erhöhter Wiederaufbau in Gang gesetzt und somit ein schneller Verschleiß eher vermieden. Läufer, die schon jahrelang trainieren, weisen oft keine nennenswerten Verschleißerscheinungen am Bewe-

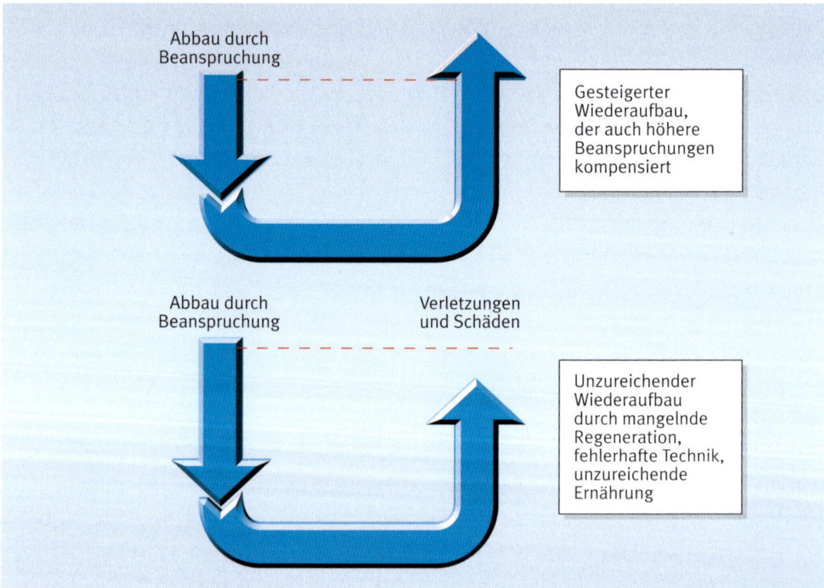

Richtiges Training führt zur Leistungsverbesserung.

Fehler in der Trainingsgestaltung und in der Lebensführung können Schäden verursachen.

gungsapparat auf. Zur Vermeidung von Überlastungsschäden ist auf folgende Punkte zu achten (siehe auch »Regeneration«, S. 76):

➤ Belastung und Regeneration müssen richtig aufeinander abgestimmt sein.

➤ Fußfehlstellungen müssen so gut es geht durch geeignetes Schuhwerk und eventuell auch mittels Einlagen ausgeglichen werden. Siehe »Ausrüstung – Schuhe«, S. 10

➤ Bei starkem Übergewicht sollte das Training mit dem Fahrrad oder Fahrradergometer zunächst im Vordergrund stehen. Dieses Aufbautraining ist schonender für die Gelenke und kräftigt Muskeln, Bänder und Sehnen.

Die folgenden Hinweise sollen den Gang zum erfahrenen Sportarzt nicht ersetzen, sondern Sie für die Problematik sensibilisieren und Möglichkeiten der Selbsthilfe darstellen.
Zu den eventuell auftretenden Beschwerden und dem Verständnis dafür müssen Sie wissen, dass die Regenerationsfähigkeit der Gewebearten unterschiedlich ist.
Die kurze Zusammenfassung der Durchblutungssituation macht verständlich, warum manche Verletzungs- oder Überlastungsprobleme so schlecht in den Griff zu bekommen sind. Ein gutes Beispiel sind Achillessehnenprobleme: schlecht durchblutet – schlechter Heilungsprozess!

- Gut durchblutet und damit auch sehr regenerationsfähig sind Muskeln und Knochen. Verletzungen heilen meist schnell.
- Schlecht durchblutet sind Bänder und Sehnen. Entsprechend langwieriger ist ein Regenerationsprozess.
- Knorpelgewebe ist gar nicht durchblutet. Es ernährt sich durch einen Saug- und Pumpeffekt aus der Gelenkflüssigkeit und den kleinen Blutgefäßen, die am Rand des Knorpels angesiedelt sind. Die Knorpel – auch die Bandscheiben – leben von der Bewegung, die diesen Pumpmechanismus auslöst. Bewegungsmangel schont also die Knorpel nicht, sondern lässt sie eher »verhungern«.

Was kann ich tun, wenn Probleme auftreten?

Schmerzen im Knie

Schmerzen im Knie können verschiedene Ursachen haben. Bei Läufern mit X-Beinen oder O-Beinen ist meist eine statische Fehlbelastung gegeben, die bei hoher Belastung zu Problemen führen kann. Wie beim Kapitel »Ausrüstung – Schuhe« (siehe S. 10) bereits dargestellt, ist der Gang zum Sportarzt oder Orthopäden hier obligatorisch.
Durch geeignete Einlagen muss diese Fehlstatik so gut es geht ausgeglichen werden. Schleimbeutelentzündungen im Kniebereich sind nicht selten auf Kälte- oder Nässeempfindlichkeit zurückzuführen. Wer in diesem Bereich Probleme hat, muss besonders auf die richtige Bekleidung achten. Ich wundere mich immer wieder, wenn im zeitigen Frühjahr

die ersten Läufer und Radfahrer mit kurzen Hosen auftauchen. Knieprobleme können auf diese Weise vorprogrammiert werden.

Schmerzen an der Achillessehne

Die Ursachen und Auslöser für Schmerzen an der Achillessehne können zahlreich sein: Fehlstatik, zu hartes Training, zu häufiges Training auf hartem Untergrund, Muskelverkürzungen ...
Hier müssen Sie selbst Ursachenforschung betreiben. Sind Fußfehlstellungen durch Einlagen ausgeglichen? Stimmen Training und Regeneration überein? Kann ich das Trainingsgelände wechseln? Können die Laufschuhe Ursache sein? Mache ich regelmäßig meine Stretchingübungen (siehe »Stretching«, S. 61).
Mit Cortisonspritzen in die Achillessehne wird nur das Symptom aber nicht die Ursache angegangen.
Als Selbsthilfe bietet sich die Verbesserung der Durchblutungssituation wie folgt an:

- Wechselbäder (kalt/warm) oder heiße Heublumenpackungen verstärken die Durchblutung.
- Regelmäßiges Stretching (vorsichtig!)
- Bürstenmassage mit einer kleinen Bürste an der nassen Achillessehne.

Außerdem ist eine Reduzierung des Trainings angezeigt.

Schmerzen am Schienbein

Fußfehlstellungen und das lange Laufen auf hartem Untergrund können zu schmerzhaften Entzündungen der Muskelansätze im Schienbeinbereich führen. Auch hier hat die Beseitigung der Ursachen erste Priorität. Kurzzeitig kann man auch auf das Fahrrad oder Fahrradergometer umsteigen, um den Heilungsprozess zu verkürzen.

Wasserblasen

Bei empfindlicher Haut können sich Wasserblasen bilden. Die möglichen Ursachen sind wie folgt zu beseitigen:

- Leukoplast (ohne Gazeeinlage) auf die gefährdeten Stellen kleben.
- Socken auf Passform und harte Nähte untersuchen.
- Bei aufgeriebenen Blasen die Haut ringsum abschneiden und mit Pflaster versorgen.
- Geschlossene Blasen mit steriler Nadel aufstechen und mit Leukoplast oder ähnlichem Wundpflaster überkleben.

Das gesamte Kapitel »Nach dem Lauf ist vor dem Lauf« (siehe S. 59 ff.) ist besonders wichtig, um Sportverletzungen nach Möglichkeit im Ansatz zu vermeiden.

Andere Ausdauersportarten

Nun ist dies zwar ein Buch über das Laufen, aber ich möchte Sie animieren, auch andere Sportarten in Ihr Bewegungsprogramm aufzunehmen. Nicht zuletzt deshalb, weil ich persönlich sehr schöne Erfahrungen mit einem vielseitigen Training gemacht habe. Je nach Witterung und Jahreszeit gibt es wunderbare Ergänzungen und Varianten. Die folgenden Ausdauersportarten haben alle den bereits beim Kapitel »Laufen und Gesundheit« besprochenen hohen gesundheitlichen Stellenwert. Näher eingehen möchte ich in diesem Kapitel auf folgende Sportarten:

- Rad fahren
- Schwimmen
- Bergwandern
- Skilanglauf

Rad fahren

Die moderne Mountainbike-Generation hat dem Radfahren neue Impulse gegeben und viele Menschen sind von den

Rad fahren – ein schöner Ausgleich

neuen Fahrradtypen begeistert. Bei höheren Geschwindigkeiten von mehr als 20 km/h stellt Rad fahren hohe Anforderungen an Herz und Kreislauf mit einem entsprechend guten Trainingseffekt.
Rad fahren ist ideal für übergewichtige Laufneulinge, um eine gewisse Grundkondition zu erreichen und trotzdem Gelenke, Bänder und Sehnen zu schonen, aber auch gleichzeitig zu trainieren. Auch für erfahrene Läufer ist Radtraining eine wunderbare Bereicherung des Trainingsspektrums. Bei manchen lauftypischen Problemen oder Überlastungsschäden ist dieser Ausdauersport eine gute Möglichkeit, die Kondition aufrechtzuerhalten.
Rad fahren benötigt allerdings mehr Zeit als Lauftraining. Während 40 Minuten Laufen einen guten Trainingseffekt bringt, ist beim Radtraining mindestens die doppelte Zeit notwendig, wenn man sich im flachen Gelände bewegt. Eine hohe Herz-Kreislauf-Leistungsfähigkeit wird im hügeligen oder bergigen Gelände verlangt und erzielt.
Rad fahren bringt außerdem einen guten Kraftzuwachs in der Bein- und Beckengürtelmuskulatur. Nicht zu unterschätzen ist auch die mehr statische Belastung der Arm und Oberkörpermuskulatur.

Tipps für das Radsporttraining:

Wenn das Radtraining Spaß machen soll, sind das richtige Modell und die Abmessungen des Fahrrads wichtig.

- Will ich nur auf geteerten Straßen trainieren, ist ein Rennrad oder Tourenrad die Wahl.
- Will ich die Strecken frei wählen und häufig auf unbefestigten Sand- und Kieswegen trainieren, ist ein geländetaugliches Mountainbike anzuraten. Dieser Radtyp ermöglicht auch verkehrs- und stressfreies Training auf ruhigen Nebenstraßen.

Zweckmäßige Kleidung ist beim Radsport wichtiger als beim Laufen. Die höhere Geschwindigkeit erzeugt einen angenehmen Fahrtwind, der zum Beispiel große Hitze erträglicher macht, aber auch die Sonneneinstrahlung vergessen lässt. Bei Nässe oder kühlen Temperaturen kann man sich bei unpassender Kleidung schnell eine örtliche Unterkühlung (Knieschmerzen) oder eine Erkältung zuziehen. Kopfschutz durch einen Helm ist bei der heutigen Verkehrsdichte obligatorisch.
Rad fahren verlangt ein wenig fahrerisches Können, um auch in kniffeligen Situationen gut über die Runden zu kommen. Diesen Punkt sollten Sie auf keinen Fall unterschätzen und am Beginn Ihrer »Radkarriere« ein gründliches Techniktraining einbauen.

Schwimmen

Schwimmen ist ein tolles Ausgleichstraining für den Läufer. Während beim Laufen besonders die Bein- und Rumpf-

Schwimmen trainiert die gesamte Oberkörper- und Armmuskulatur.

muskulatur beansprucht wird, ist es beim Schwimmen die gesamte Oberkörper- und Armmuskulatur. Vernachlässigte Muskelgruppen werden mit diesem Training aufgebaut. Die Beanspruchung großer Muskelgruppen beim Ausdauerschwimmen bringt ein sehr gutes Herz-Kreislauf-Training mit sich. Die Entlastung des Körpers durch den Wasserauftrieb macht das Training äußerst gelenkschonend. Dieser Entlastungseffekt wird auch bei Reha-Maßnahmen eingesetzt, zum Beispiel bei der Wassergymnastik und dem so genannten »Aqua-Jogging«. Schwimmen hat auch sehr günstige Auswirkungen auf die Haut, das vegetative Nervensystem und die Wärmeregulierung des Körpers, also einen guten Abhärtungseffekt.

Tipps für das Schwimmtraining:

Lernen Sie neben dem allgemein üblichen Brustschwimmen noch ein oder zwei weitere Techniken. Rückenschwimmen und Kraulschwimmen bieten sich hier an. Es erfordert zwar ein wenig Training, aber der Spaß ist wesentlich größer, wenn Sie während eines Trainings die Technik mehrere Male variieren können.

Beginnen Sie das Training mit etwa 5 Minuten »Einschwimmen«. Mit mäßigem Tempo (maximal 60 Prozent der Leistungsfähigkeit). Das eigentliche Trainingsprogramm kann interessant gestaltet werden durch:

➤ Ausdauerschwimmen
Eine Strecke, die allmählich verlängert wird (die Strecke – nicht das Tempo!)

➤ Intervallschwimmen
Schwimmer, die verschiedene Schwimmarten beherrschen, können jeweils eine bestimmte Strecke in einer Stilart zurücklegen.

➤ Fahrtspielschwimmen
Man schwimmt so schnell oder langsam, wie es gerade Spaß macht. Kurze Sprints über 10 bis 20 Meter wechseln mit längeren Strecken ruhigen Schwimmens. Beim Ausschwimmen wird etwa die Hälfte der Einschwimmstrecke in ruhiger Form, also mit ganz mäßigem Tempo zurückgelegt.

Goldene Regeln:

- Nicht unmittelbar nach dem Essen schwimmen!
- Nicht erhitzt ins Wasser gehen!
- Nicht kopfüber in unbekannte Gewässer springen!
- Nasse Badekleidung wechseln!

Ich persönlich absolviere bei entsprechender Witterung einen Minitriathlon und fahre mit dem Rad zu einem Teich. Dort laufe ich eine Runde (ca. 40 Minuten). Nach entsprechender Abkühlzeit schwimme ich 40 Minuten und fahre dann mit dem Rad wieder nach Hause.

Bergwandern

Bergwandern, besonders mit Skistöcken (Spezial-Wanderstöcke oder Skilanglaufstöcke – Skistöcke, die beim alpinen Skilauf benutzt werden, sind zu kurz!), ist ein sehr gutes Ausdauer- und Ganzkörpertraining.
Beim Bergwandern mit Stöcken werden größere Muskelgruppen eingesetzt. Somit wird das Herz-Kreislauf-System stärker trainiert als beim Bergwandern ohne Stöcke.
Diese sonst vernachlässigten Muskeln des Oberkörpers profitieren von diesem Training. Beim Bergabgehen entlastet der Einsatz von Stöcken ganz wesentlich die Knie- und Sprunggelenke. Bergwandern ist nicht zuletzt ein ganz besonderes Naturerlebnis. Wer die Möglichkeit hat, sollte diese Form der Trainingsgestaltung möglichst häufig nutzen.

Der **Berglauf** ist eine noch junge Disziplin und bleibt nur besttrainierten Sportlern vorbehalten. Die Anforderungen an das Herz-Kreislauf-System sind enorm. Selbst Läufer, die sich für »fit« halten, benötigen eine gewissenhafte sportmedizinische Untersuchung, bevor sie sich an einen Berglauf wagen. Besonders das Bergablaufen ist mit einem höheren Verletzungsrisiko verbunden.

Bergtraining mit Langlaufstöcken

Tipp:
Läufer mit bereits vorhandenen Überlastungssymptomen an Bändern und Gelenken sollten keinesfalls bergab laufen, sondern bergab gehen oder eine Bergbahn für die Talfahrt benutzen.

Skilanglauf

Laufen auf Ski ist die wohl abwechslungsreichste Form der körperlichen Fortbewegung. Es ist ein Training des gesamten Körpers, von den Fingerspitzen bis zu den Zehen; außerdem gelenkschonend durch das sanfte Gleiten auf Ski. Leider ist diese Form des winterlichen Trainings auf Grund der klimatischen Verhältnisse nur noch kurzzeitig und in wenigen Regionen möglich. Aber immer mehr Menschen nutzen den Winterurlaub oder das Wochenende, um diese harmonische Sportart zu betreiben.

Anmerkungen zum Skilanglauf:

➤ Wie keine andere Sportart trainiert Skilanglauf den gesamten Bewegungsapparat. Besonders die Oberkörper- inklusive Rückenmuskulatur wird gestärkt.

Skilanglauf – gelenkschonendes Training für den gesamten Bewegungsapparat

➤ Durch die gleitende Bewegung ist ohne Überforderung des Bewegungsapparates ein mehrstündiges Training möglich.

➤ Die Skating-Technik ist leichter erlernbar als die klassische Technik (Diagonalschritt, Doppelstockschub). Allerdings ist die klassische Technik vielseitiger in seinen Bewegungsabläufen. Ein kurzer Skikurs mit einem Lehrer führt meist schnell zu deutlichen Verbesserungen in der Lauftechnik.

➤ Für die Präparation von Skating-Ski benötigt der Normalläufer nur geringe Kenntnisse in der Wachskunst. Für die klassische Technik gibt es heute hervorragende so genannte Nowax-Ski, die nur wenig Pflege verlangen. Am anspruchsvollsten ist das richtige Wachsen klassischer Langlaufski. Kenntnisse im Umgang mit der Materie sind dabei notwendig.

Lauftraining der Frau

Unabhängig von den primären und sekundären Geschlechtsmerkmalen gibt es physiologische Unterschiede zwischen Männern und Frauen.
Im Durchschnitt ist die Frau kleiner, sie hat ein geringeres Körpergewicht, weist aber einen höheren Prozentsatz an Körperfett auf als der Mann. Der prozentuale Anteil der Skelettmuskulatur am Körpergewicht beträgt bei der Frau

25 bis 30 Prozent, beim Mann 40 bis 50 Prozent.
Außerdem besitzt die Frau einen leichteren Knochenbau.
Bänder, Sehnen und Gelenke sind bei der Frau nicht so belastbar wie beim Mann. Zudem ist die maximale Sauerstoffaufnahme um 20 Prozent niedriger als bei Männern, was hauptsächlich auf die geringere Anzahl an roten Blutkörperchen zurückzuführen ist.

Tipps für Läuferinnen:

➤ Fettverbrennungsläufe mit niedrigem Tempo sind ein ausgezeichnetes Schlankheitsprogramm. Das »richtige« Tempo lässt sich gut mit einem Pulsmesser kontrollieren.

➤ Für Frauen gibt es spezielle Laufschuhe, die nicht nur modischen Gesichtspunkten dienen, sondern den anatomischen Gegebenheiten der Frauen Rechnung tragen.

➤ Eine Auswahl von guten Sport-BHs ist für Frauen mit großem Busen inzwischen auf dem Markt.

➤ Bei Frauen ist die Gefahr von Unterkühlungen größer als bei Männern. Bei der Kleidungswahl sollten Sie darauf achten.

➤ Die ersten Monate einer Schwangerschaft sind normalerweise kein Grund, das Lauftraining zu unterbrechen. Auf alle Fälle ist aber eine Rücksprache mit dem Arzt notwendig. Sollten sich Beschwerden einstellen, kann man sehr gut auf ein Schwimmtraining ausweichen. Es entlastet den Körper und die Gelenke.

➤ Eine echte Hilfe für Frauen, die kleine Kinder haben, ist der so genannte »Babyjogger«. Ein Lauf-Kinderwagen, der auf Grund der großen Räder geländegängig ist. Somit ist der Nachwuchs beim Laufen und Walken mit von der Partie.

➤ Ob während der Menstruation gelaufen werden soll, muss jede Frau selbst entscheiden, da das individuelle Wohlbefinden in diesen Tagen sehr unterschiedlich ist. Medizinische Untersuchungen haben gezeigt, dass Ausgleichssport ein ausgezeichnetes Mittel zur Behebung von Menstruationsbeschwerden ist.

➤ Bis zum Aussetzen der Menstruation besitzt die Frau einen sehr wirkungsvollen Hormonschutz (Oestrogen) gegen Herz-Kreislauf-Erkrankungen. Aber nach dieser Zeit ist sie dem Mann hinsichtlich des Herzinfarkt-Risikos völlig ebenbürtig. Allein auf Grund dieser Tatsache ist ein Ausdauertraining für Frauen absolut gewinnbringend.

➤ Bei nicht erklärbarem Leistungsrückgang sollten Frauen beim Arzt die Anzahl der roten Blutkörperchen testen lassen. Gegebenenfalls hilft ein Eisenpräparat weiter. Jedoch nicht ohne vorherige Rücksprache mit dem Arzt!

➤ Beim Ausdauersport wird das gesamte Gewebe besser durchblutet – auch die Hautoberfläche. Laufen wirkt hier wie natürliche Kosmetik!

Läufer und Hunde

Ein Spezialthema für viele Läufer, denn man wird immer wieder erleben, dass einem Hunde hinterherlaufen und bellen. Dabei sind die allermeisten Vierbeiner harmlos.

Laufen mit Gürtel – so wird der Armrhythmus beibehalten.

Tipps für das richtige Verhalten:

➤ Angst oder Aggressivität spürt jeder Hund. Er wittert Ihr Verhalten. Begegnen Sie den Vierbeinern mit Aufmerksamkeit und sprechen Sie mit ihnen in einem freundlichen Tonfall. Begrüßen Sie einfach Ihre Laufkollegen. Das ist das mit Abstand wirkungsvollste Rezept für den richtigen Umgang mit Hunden.

➤ Frechen Rabauken kann man, ohne zu schreien oder auszurasten, auch Strafe androhen. Der Hund merkt sofort wo es langgeht. Ich kann hier allerdings leicht reden, denn ich habe seit mehr als 20 Jahren Huskys und kenne das Verhalten der Hunde ganz gut. Und seitdem ich selbst Hundebesitzer bin, habe ich keinerlei Probleme mehr mit diesen Vierbeinern.

➤ Diskussionen mit Hundebesitzern sind meist sinnlos. Entweder das Herrchen nimmt einen undisziplinierten Kerl an die Leine, oder er versteht von seinem Begleiter sowieso nichts. Konzentrieren Sie sich auf das Tier und beherzigen Sie meine vorher gegebenen Ratschläge.

➤ Wenn Sie selbst einen Hund haben, wird dieser sich riesig über das Lauftraining freuen. Aber laufen Sie **nicht** mit dem Hund bei großer Hitze und noch weniger bei hoher Luftfeuchtigkeit. Ein Hund kann nicht schwitzen. Ein Temperaturausgleich erfolgt nur über das Maul (er hechelt) und über die Pfoten. Laufen bei diesen Witterungsbedingungen ist für das Tier eine echte Qual.

➤ Laufen Sie mit Ihrem Hund in Gegenden mit Wild nur angeleint (sehr nützlich ist ein Bauchgurt mit elastischem Gummiband). Der Hund ist ein geborener Jäger und ein Rehkitz hat bei einem größeren Hund keine Chance!

Laufen mit Kindern

Kinder, die viel herumtollen, haben meist kein Übergewicht und verfügen über eine ausgezeichnete Kondition. Sie sind es aber nicht gewohnt und haben meist auch keine Lust, längere Strecken im gleichmäßigen Tempo zu laufen. Denn unser Nachwuchs hat auch keine besondere Motivation. Erwachsene wollen mit dem Lauftraining etwas bestimmtes erreichen. Sie wollen schlanker werden, laufen aus Vernunftsgründen, weil sie etwas für Herz und Kreislauf tun wollen. Für Kinder muss das Laufen interessant sein und Spaß machen. Eltern, die ihre Sprösslinge animieren wollen, sollten eine Art »Laufspiel« kreieren. Dafür bieten sich Spiele an wie Hase und Igel, Räuber und Gendarm, der Löwe und die Beute u.a. Der Phantasie sind hier keine Grenzen gesetzt. Spornen Sie Kinder nie zu einem höheren Tempo an. Meist fühlen Kinder sehr genau, welche Laufgeschwindigkeit sie vertragen. Überfordern sollte man ein Kind niemals, sonst hat es vielleicht nie mehr Lust mitzulaufen. Es ist für Erwachsene schon schlimm, wenn sie einen falschen Ehrgeiz entwickeln, aber diesen auf Kinder zu übertragen, ist absolut kontraproduktiv.

Übergewichtige Kinder

Je nach Altersgruppe kann bei 20 bis 30 Prozent der deutschen Kinder ein meist ernährungsbedingtes Übergewicht festgestellt werden. Eine ständige, zu hohe Energieaufnahme führt zu Übergewicht. Die Ursachen für das unkontrollierte Essverhalten können vielfältig sein: Unzufriedenheit, Langeweile, Mangel an Zuwendung, Einsamkeit, Angst, falsche Ernährungsgewohnheiten. Die Liste lässt sich noch beliebig erweitern.

Die Folgen des Übergewichts sind für Kinder fatal: Hänseleien durch andere Kinder machen sie scheu. Zurückgezogenheit, Trägheit und Lustlosigkeit sind die Folge. Fastfood und Süßigkeiten hier ausführlicher zu besprechen, würde den Rahmen des Buches sprengen.

Aber für die betroffenen Kinder ist es häufig ein Teufelskreis. Sie sollten sich

Kinder müssen Spaß haben!

mehr bewegen, sind aber oft nach kurzer Zeit schon ermüdet. Dr. Helmut Langhof, Experte für Kinder mit Übergewicht, sagt dazu: »Es ist absurd zu einem übergewichtigen Kind zu sagen: Treibe mehr Sport, dann wirst Du schon schlank.«

Tipps für das Training mit übergewichtigen Kindern:

➤ Keine Gewalttouren – mit kleinen Trainingseinheiten anfangen (15 bis 20 Minuten)!

➤ Überlastungen vermeiden! Bei niedriger Pulszahl verbrennt das Fett am besten. Benützen Sie eine Pulsuhr als Spieleffekt!

➤ Tempowechsel ist nicht nur kindgemäß, sondern beim übergewichtigen Kind besonders wichtig!

➤ Trink- und Essenspausen einlegen mit verdünntem Fruchtsaft, Obst und Vollkornbrot, sonst besteht die Gefahr von Unterzucker! Auch Spielpausen sind einzuhalten!

Das Kind wird schnell Selbstbestätigung und Freude an der eigenen Leistung finden und außerdem abnehmen.

Brustmuskel-
dehnung
in der
Endstellung

Nach dem Lauf ist vor dem Lauf

Im Kapitel »Laufen und Gesundheit« wurde ausführlich dargestellt, dass Laufen ein hervorragendes Gesundheitstraining darstellt. Aber wir müssen uns darüber im Klaren sein, dass pures Lauftraining nur bestimmte Körperregionen erfasst und ein leichtes Zusatztraining notwendig ist.

Unsere Zeit ist geprägt durch Bewegungsmangel und/oder einseitige Bewegungsformen. Hauptursache für körperliche Probleme – angefangen von Rückenschmerzen bis hin zu Überlastungsschäden – sind, wie der Fachmann es nennt, **»muskuläre Dysbalancen«**.

Dazu müssen wir uns dieses Ungleichgewicht kurz näher anschauen. Jede Bewegung wird von zwei Muskelgruppen oder Muskeln ausgeführt. Die **tonische Muskulatur** hat als Hauptaufgabe Haltefunktionen zu erfüllen (Antagonisten) und reagiert auf Fehl- und Überbelastung mit einer Spannungserhö-

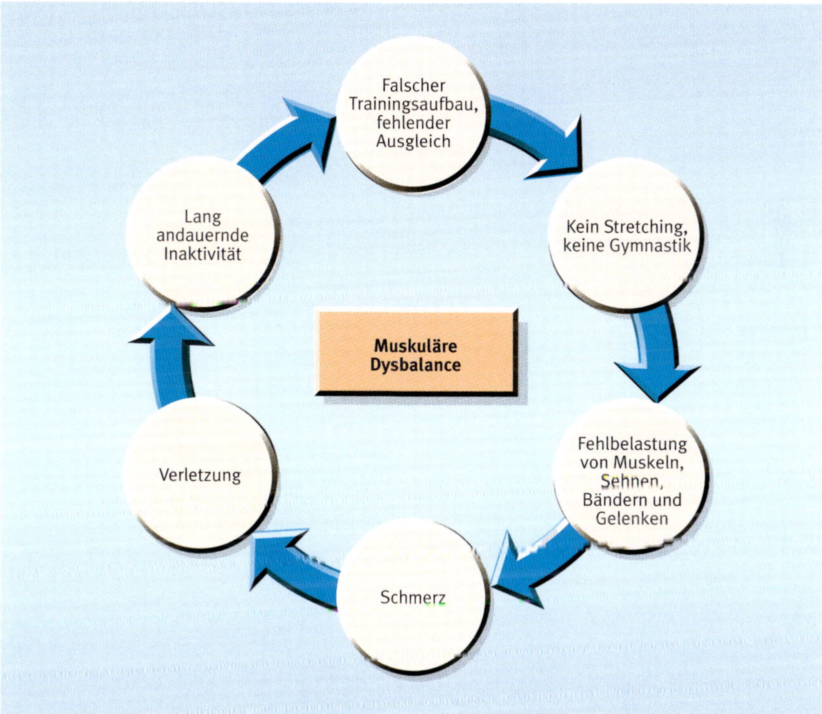

... eine Teufelsspirale!

Muskeln können sich verkürzen und müssen gedehnt werden.

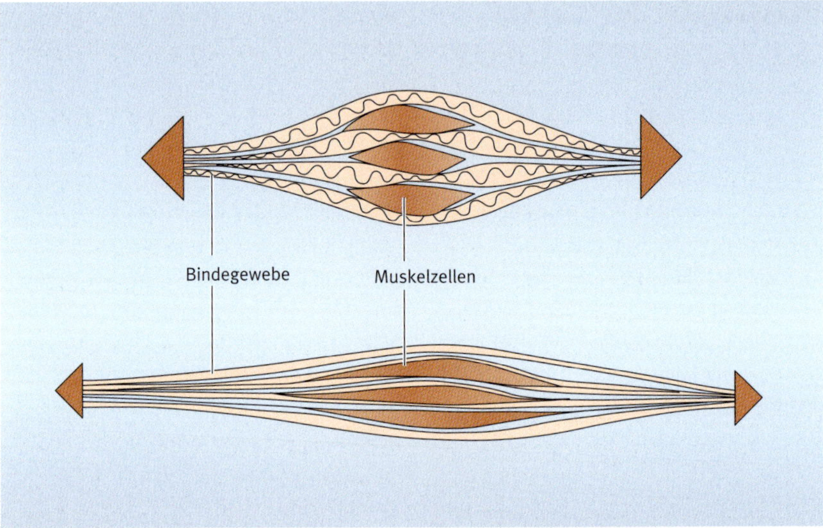

hung und einer daraus resultierenden Muskelverkürzung. Die **phasische Muskulatur**, welche die Durchführung dynamischer Bewegungen übernimmt (Agonisten), reagiert dagegen auf Überbelastung mit einer Senkung der Muskelspannung und entsprechender **Abschwächung**.

Alle großen Muskelgruppen können in diese zwei Bereiche eingeordnet werden. Damit wird auch die Problematik der einseitigen Bewegungen verständlicher. Während sich eine Muskelgruppe immer stärker verkürzt und verspannt, wird der Gegenspieler immer schwächer. Häufig liegt bei Verletzungsproblemen und Überlastungsschäden diese Grundursache vor.

Mit geringem Zeitaufwand können Sie mit den folgenden Maßnahmen wirkungsvolle Abhilfe leisten und entsprechenden Problemen vorbeugen.

- Stretching hilft, verkürzte Muskelgruppen, Bänder und Sehnen zu dehnen und damit funktionsfähig zu erhalten.
- Gymnastik lockert Muskeln und hilft, wenig benutzte Gelenkgruppen zu mobilisieren und beugt Verschleißerscheinungen vor.
- Krafttraining schafft einen Ausgleich zwischen stark beanspruchten und gering beanspruchten Muskelgruppen und beugt muskulären Dysbalancen vor.
- Regeneration bringt durch geeignete Maßnahmen den ganzen Organismus wieder ins Gleichgewicht.

Stretching

Stretching ist eine Dehnmethode, die mit verschiedenen Techniken die Dehnungseigenschaften von Muskeln, Sehnen, Bändern, Gelenkkapseln, Muskelhüllen und deren Nachbargewebe deutlich verbessert. Die Wirkung des Stretchings geht aber noch über diese mechanische Funktionen hinaus, indem es das Körpergefühl, die Beweglichkeit, das Gefühl für die Ausführung von Techniken erhöht. Ein Phänomen ist auch, dass Stretching einen großen Einfluss auf die Entspannungsfähigkeit und das psychische Wohlbefinden hat. Zusammenfassend kann man folgende Punkte in Kurzform festhalten.

Wie wirkt Stretching?

- Die Beweglichkeit der Gelenke wird erhöht.
- Die Elastizität der Muskeln, Sehnen, Bänder, Gelenkkapseln und Muskelhüllen wird verbessert.
- Das Gewebe wird gleitfähiger, weniger verklebte Gewebeschichten.
- Durchblutung und Stoffwechsel der Muskulatur werden optimiert.
- Optimaler Muskeltonus (Muskelspannung).
- Muskelverhärtungen werden gelöst.
- Die Muskulatur wird leistungsfähiger.
- Die Erholungszeit wird verkürzt.
- Die Verletzungsgefahr wird reduziert.
- Die psychische Entspannung wird gefördert.

Stretching steigert das Wohlbefinden.

Wann soll man stretchen?

Richtig ausgeführt kann man fast überall und zu jeder Tageszeit stretchen. Wir wollen uns hier auf den Läufer und seine Anforderungen einstellen. Dauerlauf enthält keine hohen Schnellkraftanteile wie z. B. Fußball oder Tennis. Warmlaufen, bzw. Einlaufen ist durchaus ausreichend. Bei diesem kurzen Programm wollen wir uns auf die Übungen konzentrieren, die **nach** dem Training ausgeführt werden. Hierbei will ich mich auf die unbedingt notwendigen Stretchübungen beschränken.

Wie soll man stretchen?

Für die, die keine Erfahrung mit dem Stretching haben, sei auf die nachfolgende Dehntechnik verwiesen. Sie ist am leichtesten zu lernen und bringt die geringsten Probleme mit sich.

Das passive statische Stretching

Bei dieser Methode wird der Muskel langsam gedehnt bis zu seinem möglichen Endausschlag, ohne dass Schmerzen oder unangenehme Empfindungen auftreten. In dieser Position wird der Muskel 10 bis 30 Sekunden gehalten. Wer etwas mehr Übung hat, kann nach der ersten Dehnphase noch ein wenig weiterdehnen und diese Spannung wiederum 10 bis 30 Sekunden halten. Dann folgt eine Pause, die so lang ist wie die Dehnzeit. Jede Übung wird mindestens 3-mal wiederholt. In der Pause kann man die nächste Muskelgruppe dehnen.

Wichtig:

Das passive statische Dehnen nicht vor dem Laufen anwenden oder auf maximal 7 bis 10 Sekunden Dehnzeit verkürzen, da sonst die Muskelspannung (Tonus) zu stark herabgesetzt wird.

Stretchingprogramm: Die wichtigsten Übungen

Dehnung der hinteren Oberschenkelmuskulatur

Aus der aufrechten Stellung die Ferse auf einem Stuhl oder einer Bank ablegen. Eine Hand oder beide Hände auf

die Pobacke legen und den **geraden** Oberkörper nach vorne neigen (keinen Rundrücken machen), bis ein deutliches Ziehen spürbar ist. 10 bis 30 Sekunden halten.
Fehler: Auflagefläche für die Ferse ist zu hoch!

Dehnung des Brustmuskels

Den angewinkelten Arm gegen einen Türrahmen oder einen Baum halten, dabei den Oberkörper und den Kopf in die Gegenrichtung drehen, bis ein deutliches Ziehen spürbar ist, 10 bis 30 Sekunden halten (siehe S. 58).

Dehnung der seitlichen Nackenmuskulatur (ohne Abbildung)

Im Stehen Kopf zur Seite legen (nach rechts) und mit der rechten Hand in der Endposition halten. Die linke Hand des locker hängenden Armes wird in Richtung Boden gedrückt, um die Dehnung zu verstärken. Dann die Seite wechseln.
Fehler: Zu starker, ruckartiger Zug am Kopf.

Dehnung der Gesäßmuskulatur (ohne Abbildung)

In Rückenlage wird ein Arm zur Seite abgelegt und das Bein auf dieser Seite locker gestreckt. Das andere Bein in Hüfte und Kniegelenk rechtwinkelig abbeugen und über das gestreckte Bein in Richtung Boden sinken lassen. Das Knie mit der Hand noch leicht nach unten drücken.
Fehler: Der Oberkörper dreht mit in Richtung des abgewinkelten Beins.

Dehnung der Oberschenkelinnenseiten (ohne Abbildung)

Aus einer Grätschstellung wird ein Knie gebeugt und das andere gestreckt. Der Rumpf wird langsam auf die Seite des gestreckten Beins geneigt. Zur Unterstützung kann der gegenseitige Arm über den Kopf gehalten werden. Das verstärkt die Dehnung.
Fehler: Abknicken des Oberkörpers nach vorne.

Bei Knieproblemen auf diese Übungen verzichten!

Dehnung der Oberschenkelvorderseite

Den Fuß am Fußrücken oder am Fußgelenk festhalten. Aufrecht auf einem Bein stehen und die Ferse Richtung Gesäß ziehen. Dabei kein Hohlkreuz machen und das Knie nicht nach hinten ziehen (1).

Exakter auszuführen ist diese Übung in Bauchlage, wobei das Becken fest in Richtung Boden gedrückt wird (2).

Dehnung der Wadenmuskulatur (oben)

Mit den Händen an einer Wand oder einer Bank abstützen, ein Bein so weit nach hinten setzen, dass der Fuß noch mit der ganzen Fläche den Boden berührt (1). Das Becken nach vorn drücken, bis ein intensives Dehngefühl in der Wade spürbar ist.

Fehler: Beugung im Kniegelenk und Abheben der Ferse vom Boden.

Dehnung der Wade und Achillessehne (unten)

Ausgangsstellung wie vorherige Übung, wobei das nach hinten gestellte Bein etwas nach vorn geholt wird. Die Beckenbewegung geht nicht nach vorn, sondern nach unten. Es muss ein deutliches Ziehen im Waden-/Achillessehnenbereich zu spüren sein.

Fehler: Die Ferse wird vom Boden gelöst.

Gymnastik

Beweglichkeit ist eine körperliche Eigenschaft, die viele Läufer als nicht besonders wichtig ansehen. Sie absolvieren ihr Laufprogramm und fertig. Dabei ist mangelnde Beweglichkeit eine Ursache, die zu Verletzungen und Überlastungsschäden führen kann. Der Organismus versucht immer eine von ihm geforderte Leistung zu vollbringen. Wenn nun eine unzureichende Beweglichkeit in bestimmten Gelenken, Bändern oder Muskelgruppen vorliegt, versucht der Körper dieses Manko durch Ausgleichsbewegungen zu kompensieren. Der Sportler gewöhnt sich unter Umständen eine falsche Technik an, die zu Überlastungen und Abnützungen führen kann. Ein gewisses Grundprogramm im Gymnastikbereich ist für den Läufer zwingend nötig. Diese wenigen Gymnastikübungen sind auch bestens geeignet als Vorspann für ein Stretchingprogramm. Es handelt sich um so genannte Mobilisationsübungen, das heißt, dass wichtige Gelenke mobilisiert werden. Außerdem finden Sie in diesem Programm Lockerungsübungen. Das Programm ist nicht im Sinne einer Muskelkräftigung ausgewählt.

Nicht nur Laufen! Lockern Sie Ihren Körper!

Gymnastik-/Mobilisationsprogramm: Die wichtigsten Übungen

Schulterkreisen

Aufrecht stehen und dabei mit den Schultern von vorn nach hinten einen großen Kreis »schreiben«.

Seitneigung

Im Grätschstand eine Hand am Oberschenkel abstützen, den anderen Arm nach oben strecken und in Richtung des aufgestützten Armes ziehen. 3 bis 5 langsame Wiederholungen, dann die Seite wechseln.

Äpfel pflücken

Jeden Arm abwechselnd nach oben ziehen, als ob Sie Äpfel pflücken wollten. 5-mal wiederholen und so weit wie möglich nach oben strecken.

Fußgelenktraining

Aufrecht stehen und das Körpergewicht zuerst auf die Fersen legen (Zehen anheben) und dann auf den Vorfuß beziehungsweise auf die Zehen verlagern, die Ferse dabei anheben.

1

2

Wirbelsäule beugen und strecken

In Grätschposition stehen, die Hände liegen auf den Oberschenkeln (1). Die Wirbelsäule im Wechsel beugen und strecken (2). Schultern nicht nach oben ziehen.

Beweglichkeit der Hüftgelenke (ohne Abbildung)

Aufrecht und auf einem Bein stehen. Das andere Bein seitlich weit hoch schwingen und einmal vor dem Standbein und dann hinter dem Standbein vorbeischwingen. 5-mal wiederholen und dann das Standbein wechseln.

Beweglichkeit der Halswirbelsäule (ohne Abbildung)

Das Kinn zum Brustbein ziehen und den Kopf langsam in einem Halbkreis hin und her drehen. Alle Bewegungen langsam und kontrolliert ausführen. Bei Schmerzen die Übung abbrechen.

Krafttraining

Ich kann mich im Rahmen dieses Buches nicht mit einem groß angelegten Krafttrainingsprogramm auseinandersetzen. Dafür gibt es Spezialliteratur. Aber die für den Läufer wichtigsten Übungen möchte ich Ihnen hier vorstellen. Denn auch der von Läufern häufig unbeachtete Bereich Krafttraining ist wichtig, um muskuläre Dysbalancen zu vermeiden (siehe auch »Überlastungsschäden«, S. 44).

Ich möchte mich dabei auf die Körperpartien beschränken, die der Läufer bei seinem Training vernachlässigt: Oberkörper-, Arm-, Bauch- und Rückenmuskulatur.

Ein wenig Krafttraining ist für Läufer notwendig.

Das Krafttrainingsprogramm sollte nicht unmittelbar vor oder nach dem Lauftraining absolviert werden, sondern an trainingsfreien Tagen oder mit einem halben Tag Abstand zum Lauftraining.

Wenn Sie ein Trainingsmittel verwenden, möchte ich Ihnen das Thera-Band nahe legen und vorstellen. Es ist preiswert, benötigt wenig Platz und ist in Sekundenschnelle griffbereit. Das Thera-Band gibt es in unterschiedlichen Farben. Die hellen Farben weisen einen geringeren Dehnwiderstand auf, die dunklen Farben einen größeren. Zwei Bänder in unterschiedlichen Dehnstärken sind ideal für unser Training.

Krafttrainingsprogramm: Die wichtigsten Übungen

5 bis 10 Minuten leichte Aufwärmgymnastik leiten das Programm ein.

Bauchmuskeltraining

Legen Sie sich auf den Rücken. Die Beine sind angewinkelt und die Fersen auf den Boden gestellt.

Rollen Sie den Oberkörper nach vorn/oben auf, ohne den Kopf zu den Knien zu ziehen. Die Hände sind hinter dem Kopf verschränkt (1).

Bei der Thera-Band-Variante wird das Band unter den Füßen fixiert und die Enden in die Hände genommen. Kopf und Schultern anheben und gleichzeitig mit beiden Händen am Band ziehen (2).

1

2

Thera-Band – ein handliches Trainingsgerät

Rückentraining

In einer weiten Schrittstellung wird das Band mit gestreckten Armen nach vorn gehalten und auseinandergezogen. Die Bewegung ist beendet, wenn beide Arme zur Seite gestreckt sind (1).

Den breiten Rückenmuskel trainieren Sie, wenn in einer breiten Schrittstellung die Arme nach oben gehalten werden und das Thera-Band mit der Armbewegung zur Seite gedehnt wird (2). Auch diese Bewegung endet, wenn die Arme seitlich ausgestreckt sind.

Ohne Band können Sie die Rückenmuskulatur trainieren, wenn Sie in Bauchlage die Fußspitzen aufstellen, die Arme nach vorn strecken (1) und jeweils einen Arm und das diagonal gegenüberliegende Bein anheben und einige Sekunden so halten (2). Es folgt der andere Arm und das andere Bein (3- bis 5-mal wiederholen).

1

2

Brustmuskeltraining

Der bekannte Liegestütz trainiert in erster Linie die Brustmuskulatur.

Bei der schwierigeren Übungsausführung wird der Körper gestreckt und nur von den Armen und Fußspitzen abgestützt (1).

Ausgeatmet wird beim Nachobendrücken und eingeatmet beim Nachuntengehen. Eine einfachere Variante stellt der Liegestütz im Stehen dar. Man lehnt sich schräg an eine Wand und drückt den Körper mit den Armen in eine senkrechte Position (2).

Training der Schultermuskulatur
In hüftbreiter Stellung auf die Enden des Bandes stellen (1). Das Band ist dabei bereits leicht gedehnt. Das Band unter das Kinn ziehen (2).
Bei einer weiteren Schulterübung (unten) stellen Sie sich wieder auf das Band und halten die freien Enden bei seitlich angewinkelten Armen (1). Die Arme werden zur Streckung nach oben gebracht (2).

Regeneration

Jeder von uns erlebt immer wieder Phasen, in denen »nichts läuft«. Man ist »nicht so gut drauf«.
Die Ursachen sind recht unterschiedlich. Gesundheitliche oder berufliche Probleme spielen manchmal eine größere Rolle als ein »Übertraining«. Wer in der Lage ist, auf seine Körpersignale zu hören, befindet sich in einer glücklichen Situation. Denn weitaus häufiger wird die Sprache des Körpers ignoriert. Eine Schwankung des körperlichen und psychischen Zustands ist eigentlich normal und kein Grund zur Beunruhigung. Ein Warnsignal sind allerdings lang anhaltende Phasen von Leistungsschwäche, und sie sollten Anlass sein, einen Arzt zu einem gründlichen Checkup aufzusuchen. Mit diesen ernsten Leistungstiefs möchte ich mich in diesem Kapitel nicht befassen, sondern eher mit Formschwankungen und was Sie unternehmen können, um rasch wieder »gut drauf zu sein«.
Nachstehend sind einige mögliche Gründe für eine Leistungsstagnation aufgeführt:

- Habe ich mein Trainingspensum zu schnell gesteigert und/oder sind die Trainingspausen zu kurz?
- Führen mein Beruf und sportlicher Ehrgeiz zu einer Dauerüberforderung?
- Habe ich nach einer Erkrankung zu schnell wieder mit dem Training begonnen?
- Stimmen sportlicher Ehrgeiz und persönliche Veranlagung überein?
- Bin ich mir darüber im Klaren, dass beruflicher oder privater Stress zu Leistungsminderungen führen kann?
- Meist kennt man die Ursache ziemlich gut: Handelt es sich eher um eine Ermüdung und Verspannung (Verkürzung) der Muskulatur oder liegt eine Ermüdung des Nervensystems vor?

Nach der Ursachenforschung wollen wir uns den Möglichkeiten zuwenden, die eine schnelle Regeneration herbeiführen. Bei den angewandten Methoden unterscheiden wir zwischen **aktiven** und **passiven** Maßnahmen.

Aktive Regeneration

Überprüfen Sie zunächst Ihre eigenen Gewohnheiten:

- Laufe ich mich richtig aus oder steige ich noch völlig außer Atem ins Auto, um nach Hause zu fahren. Die Konsequenz: Nach jedem Training 5 bis 10 Minuten locker auslaufen.
- Lockere Gymnastik hilft eine erhöhte Muskelspannung abzubauen.
- Im Anschluss an ein kleines Gymnastikprogramm trägt Stretching ganz wesentlich zur schnellen Erholung bei. Details lesen Sie bitte im Kapitel »Stretching«, S. 62 nach.
- Duschen dient nicht nur zur Hygiene, sondern kann einen wichtigen Beitrag zur Regeneration leisten. Ermüdete

Muskelpartien mehrere Minuten mit warmem Wasser (nicht über 40 Grad) abduschen.
Das so genannte Wechselduschen funktioniert folgendermaßen: 1 bis 2 Minuten warm, dann 10 bis 30 Sekunden kalt duschen. Das Ganze 2- bis 3-mal wiederholen. Diese Form des Duschbades sorgt für eine intensivere Durchblutung der Haut und Muskeln sowie für eine Stoffwechselsteigerung. Wechselduschen nicht anwenden, wenn der Körper unterkühlt ist!

Passive Regeneration

➤ Das so genannte »Entmüdungsbad« ist ein Vollbad mit einer Wassertemperatur zwischen 34 und 37 Grad. Sehr warme oder heiße Bäder (38 bis 40 Grad) sind nicht geeignet.
Das Entmüdungsbad dauert meist 15 bis 20 Minuten – nicht länger als 30 Minuten. Dem Bad können ätherische Öle wie Pfefferminzöl, Fichtennadelextrakt, Menthol oder Kampfer beigefügt werden.
➤ Bei örtlichen Problemzonen z. B. im Bereich der Unterschenkelmuskulatur ist ein so genanntes Teilbad als Wechselbad empfehlenswert.
Das kann so aussehen: 2 Minuten im 38 bis 42 Grad warmen Wasser und anschließend 10 bis 20 Sekunden bei 12 bis 26 Grad Wassertemperatur baden. Die beste Verträglichkeit muss hier jeder selbst austesten.

Wechselduschen ist Regeneration pur!

➤ Ein Saunabesuch kann wesentlich zur Erholung beitragen. Auch hier gilt, wie bei anderen Maßnahmen, dass die individuelle Verträglichkeit herausgefunden werden muss.
Beim Saunabad werden folgende Wirkungen erzielt:
➤ Steigerung des Stoffwechsels und damit schnellerer Abbau von Stoffwechselschlacken.
➤ Übung des Herzens und der Kreislaufanpassung.
➤ Abhärtung durch Verbesserung der Hautreaktion auf Wärme und Kälte.
➤ Steigerung der Abwehr gegen Infekte.

Ein Saunabad entspannt und verbessert die Hautfunktionen.

- ➤ Allgemeine vegetative Umstimmung.
- ➤ Anregung des Systems Hirnanhangdrüse–Nebennierenrinde (W. Fritzsche)
- ➤ Allgemeines Wohlbefinden.

Die Anwendung der Sauna kann hier nicht im Detail beschrieben werden. Nur so viel: Nicht mit einer beginnenden Erkältung oder mit einem grippalen Infekt in die Sauna gehen!

Tipp:

Einen wunderbaren Erholungseffekt hat auch eine – von einem Fachmann/einer Fachfrau – durchgeführte Regenerationsmassage, die ganz gezielt auf beanspruchte Körperpartien einwirken kann. Eine derartige Massage hat neben der Wirkung auf die Muskulatur auch positive Effekte auf das Nervensystem.

Ernährung

Ganze Bibliotheken könnte man allein mit den Titeln füllen, die in den letzten Jahren zu diesem Thema erschienen sind. Und man müsste meinen, dass auf Grund dieser Informationsflut die Menschen in den Industrienationen besonders gut ernährt sind. Weit gefehlt! Wir leben zwar in einem Überfluss an Nahrungsmitteln, aber die Qualität dessen, was ein Großteil unserer Zeitgenossen an Nahrungsmitteln und Getränken zu sich nimmt, ist schlichtweg katastrophal. Was beispielsweise colahaltige Getränke an Mengen von Industriezucker aufweisen, spottet jeder Beschreibung. Und was Sportler auf die Schnelle »einwerfen« an synthetischen Vitaminen und sonstigen Fitmachern, ist nur »gesund» für den Umsatz der Hersteller. Im günstigsten Fall ist diese so genannte Zusatzernährung wirkungslos und im schlimmsten Fall macht sie krank. Detailliert auf dieses Thema einzugehen würde den Rahmen dieses Laufbuches sprengen.

Aber wie diese ersten Zeilen unschwer erkennen lassen, möchte ich allen Sportlern, die daran glauben, dass Ernährungsfehler durch irgendwelche synthetischen Zusatzstoffe ausgeglichen werden können, »den Zahn ziehen«. Selbst unter Ernährungswissenschaftlern gehen die Meinungen über die »richtige« Ernährung weit auseinander. Wie soll denn nun der arme »Otto Normalverbraucher« herausfinden, was richtig und was falsch ist? Es gibt keine richtige Ernährung, sondern nur eine, die für mich und meine ganz individuellen Bedürfnisse richtig ist. Und das ist der Knackpunkt dieses Themas. Herauszufinden, was für mich optimal ist, bedeutet:, Arbeit und Beschäftigung mit dem Thema Ernährung. Ich muss schon selbst ermitteln, was für meinen Körper zuträglich ist und was nicht. Tausende von Zusatzstoffen in unseren Nahrungsmitteln machen den Organismus immer empfindlicher und so genannte Nahrungsmittelunverträglichkeiten nehmen sprunghaft zu.

Dass zum Beispiel Allergien und Hautkrankheiten explosionsartige Ausmaße annehmen, hat einfach auch mit den Zusatzstoffen in unseren Nahrungsmitteln zu tun. Das wird zwar vehement bestritten, aber gerade bei Kindern, die häufiger als Erwachsene zu Süßigkeiten, Schokoriegeln oder colahaltigen Getränken und Limonaden greifen, ist ein Trend zu beobachten, der Ärzte und Wissenschaftler ziemlich ratlos macht. Ich komme auf das zurück, was ich bereits angedeutet habe, dass der einzige Weg eine möglichst naturbelassene Nahrung ist. Aber: Das macht ein wenig mehr Arbeit. Ein sehr interessanter Ansatzpunkt für eine individuelle Ernährung kommt von dem amerikanischen Arzt Dr. Peter D'Adamo. Er führt die unterschiedlichs-

Die Ernährungspyramide

ten Wirkungen der Nahrungsmittel auf die jeweilige Blutgruppe des Menschen zurück und begründet das auch verständlich. Entsprechende Literatur ist im Buchhandel erhältlich. Um Sie aber mit meinen Anmerkungen nicht »im Regen stehen zu lassen«, werde ich versuchen einige wichtige Punkte zusammenzufassen, um Ihnen damit eine kleine Richtschnur zu geben.

Lebensmittelqualität

Zwischen der Bearbeitung der Lebensmittel und der Lebensmittelqualität besteht ein enger Zusammenhang. Je stärker die Bearbeitung ist, umso schlechter ist die Qualität der Lebensmittel. Bei jedem Bearbeitungsvorgang beispielsweise durch Zerkleinern, Erhitzen, Konservieren, Extrahieren usw. gehen Inhaltsstoffe verloren, die der menschliche Körper benötigt. Und wir können davon ausgehen, dass eine ganze Reihe von wichtigen Stoffen heute überhaupt noch nicht bekannt ist, aber deren Bedarf nur mit möglichst naturbelassener Nahrung gedeckt wird. Die Ernährungswissenschaft spricht von 5 Stufen der Lebensmittelqualität, wobei Stufe 1 die beste und Stufe 5 die schlechteste Qualität darstellt.

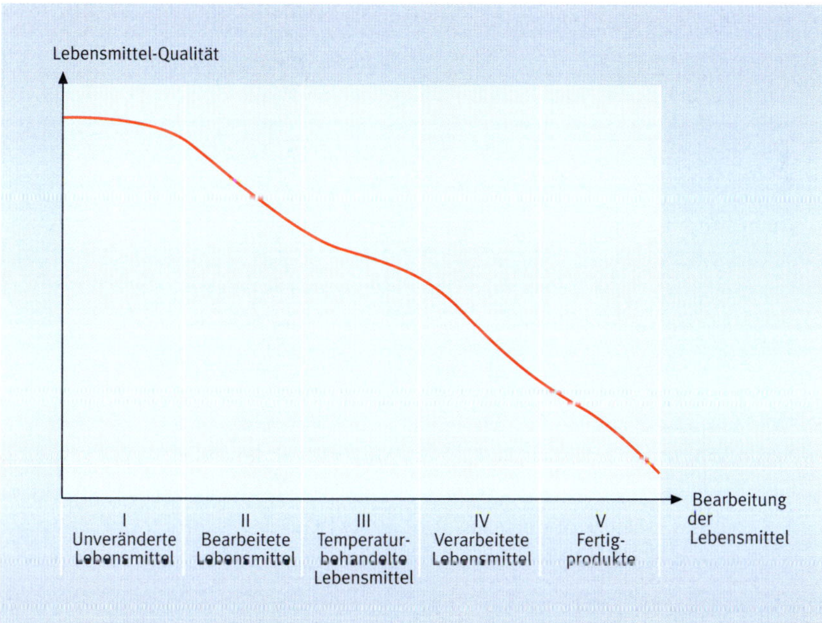

Je stärker ein Lebensmittel verändert wird, umso mehr verliert es an Qualität.

Zu dieser Abstufung kommt noch die biologische Wertigkeit hinzu. Im Idealfall sollten Sie zu Lebensmitteln in biologisch hochwertiger Qualität greifen – ohne Genmanipulation und ohne giftige Rückstände.

Stufe 1: Unveränderte Lebensmittel = besonders empfehlenswert

rohes Gemüse
rohes Obst
kaltgepresste Öle
Samen, Nüsse, Oliven
nicht erhitzte Milch
Quellwasser oder kontrolliertes Mineralwasser
Gartenkräuter, Wildkräuter

Stufe 2: Bearbeitete Lebensmittel = sehr empfehlenswert

Getreideflocken mit Keim
rohes zerkleinertes Gemüse (z. B. auch Sauerkraut)
zerkleinertes frisches Obst, frische Obstsäfte
Trockenobst (ungeschwefelt)
Landbutter
kaltgepresste unraffinierte Öle
frisch geriebene Nüsse, Samen
Dickmilch, Sauermilch, Joghurt, Kefir, süße und saure Sahne
Rohmilchkäse
Quark, Molke
Kräuter- und Früchtetees
kaltgeschleuderter Honig

Stufe 3: Temperaturbehandelte Lebensmittel = empfehlenswert

erhitzte und gebackene Getreidespeisen (Brot, Kuchen, Zwieback, Teigwaren usw.)
erhitztes Gemüse
tiefgefrorenes Gemüse
erhitztes Obst (Kompott)
Milchprodukte aus pasteurisierter Milch
erhitztes Fleisch und Fisch
erhitzte Eier
Malztee, Malzkaffee, Kakao (ungezuckert)
Meersalz
Apfel- und Birnendicksaft
Obst- und Weinessig

Stufe 4: Verarbeitete Lebensmittel = weniger empfehlenswert

polierter Reis
ausgemahlenes Mehl (Weizen 405–1200, Roggen 610–1370)
Cornflakes und andere Frühstücksflocken
Brot und andere Backwaren aus oben genannten Mehltypen
Gemüsekonserven
veränderte Sojaprodukte (Sojafleisch)
Obstkonserven
Fruchtnektare, Fruchtsaftgetränke
handelsübliche Margarine
Brat- und Backfette
H-Milch, Milchpulver, Kondensmilch, Schmelzkäse, Käsekonserven

- Wurstwaren, Fleischkonserven, Fischkonserven
- Ei-Pulver
- Bohnenkaffee, schwarzer Tee
- Kochsalz
- Sojasauce
- erhitzter Honig, Sirup, Melasse

Stufe 5: Fertigprodukte, isolierte Lebensmittelsubstanzen = nicht empfehlenswert, nach Möglichkeit vermeiden!

- isolierte Zucker, Zuckeraustauschstoffe
- isolierte Ballaststoffe
- isoliertes Protein
- isolierte Vitamine
- Schlankheitspräparate mit Quellwirkung
- Getreide- und Energieriegel für Sportler
- isoliertes Lecithin
- isolierte Aromastoffe
- mehrmals erhitzte Fette (beim Frittieren, Braten)
- Nuss-Nougat-Erzeugnisse (mit isoliertem Zucker)
- Milchzucker
- Sterilmilch
- Speiseeis mit isolierten Zuckern und künstlichen Aroma- und Geschmacksstoffen
- Limonaden und Cola-Getränke, Elektrolyt-Drinks, Instant-Getränke
- Fertigsaucen, Essigessenz
- Traubenzucker, Süßstoffe, Süßwaren

Wenn man die Prinzipien der Vollwerternährung zugrunde legt, sollte sich die Hälfte der Nahrung aus den Stufen 1 und 2 zusammensetzen, die andere Hälfte aus der Stufe 3.

Mineralstoffe, Spurenelemente und Vitamine

Mineralstoffe und Spurenelemente sind anorganische Substanzen. Vitamine sind organische Substanzen, die der Körper zur Aufrechterhaltung seiner Funktionen dringend benötigt. Da der Organismus diese Stoffe nicht selbst herstellen kann, ist eine regelmäßige Zufuhr von großer Bedeutung. Bei richtiger und ausgewogener Ernährung im

Nach Möglichkeit auf kohlensäurehaltige Getränke verzichten.

Kalorienverbrauch ist nicht alles! Fettverbrennung findet bei langsamem Tempo statt!

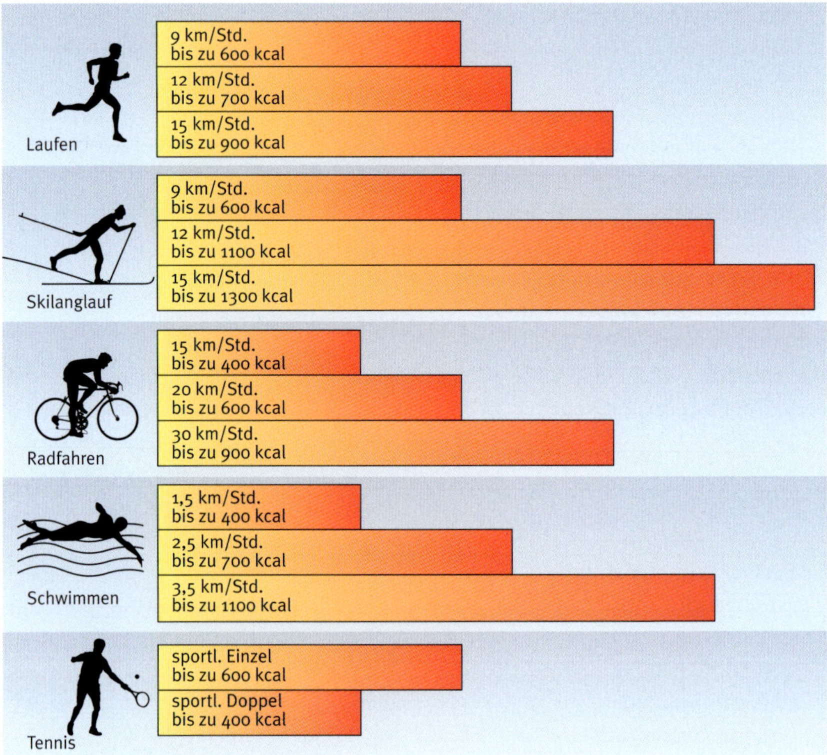

Sinne einer Vollwertkost ist eine Zufuhr von synthetischen Vitaminen für den Freizeitsportler nicht nötig. Eine Ausnahme bilden Hochleistungssportler.
Die folgenden Tabellen sollen Ihnen einen Überblick vermitteln über die Aufgaben und den Bedarf der einzelnen Stoffe.

Nährstoffpräparate

Folgt man den Regeln der Vollwerternährung, sind Nährstoffpräparate, die speziell für Sportler hergestellt werden, nicht empfehlenswert. Nur Hochleistungssportler greifen auf diverse Präparate zurück. Diese chemisch-technologisch hergestellten Präparate sind außerdem mit Konservierungs- und Stabilisierungsstoffen versehen. In der Einleitung zu diesem Kapitel habe ich bereits darauf hingewiesen, dass es etwas mehr Mühe macht, auf eine qualitativ hochwertige Ernährung zu achten, aber dass sich diese Mehrarbeit mehr als lohnt.

Mineralstoffe und Spurenelemente			
Bezeichnung	**Aufgaben, Mitwirkung u. a. bei:**	**Mangelerscheinungen u. a.:**	**Vorkommen in Lebensmitteln u. a. in:**
Natrium (Na)	Aufrechterhaltung des osmotischen Drucks, Enzymaktivierung; Natriumchlorid = Kochsalz	Gestörter Wasserhaushalt, Drehydration, Muskelkrämpfe, Muskel- und Nervenfunktionsströrungen	Kochsalz, Räucherwaren, gesalzenen Produkten, Käse, Brot, Wurst, Konserven, Fertiggerichten
Chlor (Cl)	Als Natriumchlorid Regelung des Wasserhaushalts; Magensalzsäurebildung	Wie Natrium; Säuredefizit im Magen → Verdauungsstörungen	Kochsalz, Räucherwaren, gesalzenen Produkten, Käse, Brot, Wurst, Konserven, Fertiggerichten
Kalium (K)	Beteiligt an Flüssigkeitshaushalt, Muskelkontraktion, Nervenerregungsübertragung, Enzymaktivierung, Energiefreisetzung	Herzrhythmusstörungen, Muskelkrämpfe, -schwäche, Nieren- und Lungenversagen	Gemüse, Hülsenfrüchten, Salat, Obst, Pilzen, Weizenkeimen, Nüssen, Bananen, Trockenfrüchten
Kalzium (Ca)	Knochen- und Zahnbaustein, Nervenerregung, Muskelkontraktion; Blutgerinnung, Enzymaktivierung; Zusammenspiel mit Phosphor, Vitamin D und B_{12}	Knochenwachstumsstörungen, Rachitis, Demineralisierung von Knochen, Knochenbrüchigkeit, Osteoporose, Muskellähmung, spontane Blutungen	Milch-, produkten, Käse, Nüssen, Hülsenfrüchten, Gemüse
Phosphor (P)	Knochen- und Zahnbaustein; Energiegewinnung und -übertragung; Bestandteil der Nukleinsäuren, Zellmembranen und von Enzymen; Säure-Basen-Haushalt	Knochenstoffwechselstörungen, Schwäche, Gliederschmerzen, Müdigkeit	Milch, -produkten, Vollkorn, Weizenkeimen, Nüssen, Fisch, Fleisch, Leber
Magnesium (Mg)	Knochenwachstum und -aufbau, Enzymaktivierung, Nervenimpulsleitung, Energiestoffwechsel, Eiweißaufbau, Kälteanpassung	Muskelschwäche, Krämpfe, Herzrhythmusstörungen, Zittern, Schlaflosigkeit	Grüne Pflanzen, Hülsenfrüchten, Nüssen, Gemüse, Salat, Milch, Hefe
Eisen (Fe)	Aufbau des Blutfarbstoffes (Hämoglobin) und des Muskelfarbstoffes (Myoblobin); Sauerstofftransport; Enzymbestandteil	Anämie, Blässe, Müdigkeit, Kurzatmigkeit, Schwäche, Sauerstoffmangel	Leber, Fleisch, Weizenkeimen, Vollkorn, grünem Gemüse, Pilzen
Jod (J)	Bestandteil der Schilddrüsenhormone, Stoffwechselregulation, geschlechtliche Reproduktion	Kropf, Schilddrüsenhormonmangel, bei Säuglingen → zürückgebliebenes Wachstum, Schwachsinn	Seefisch, Meerestieren, Leber, jodiertem Speisesalz, Milch
Fluor (F)	Zahnfestigkeit, Kariesschutz, Enzymhemmung	Karies	Fisch, Muscheln, Fleisch, Nüssen, Gemüse, Pilzen, Eiern

Vitamine			
Bezeichnung	**Aufgaben, Mitwirkung u. a. bei:**	**Mangelerscheinungen u. a.:**	**Vorkommen in Lebensmitteln u. a. in:**
Vitamin A (= Retinol) bzw. Carotin (als Vorstufe)	Sehvorgang, Dunkelsehen, Funktion von Haut und Haaren, Knochenwachstum, Eiweißstoffwechsel, Fortpflanzungstätigkeit	Nachtblindheit, Hautdefekte, gestörtes Knochen- und Zahnwachstum, Augentrockenheit, Infektionsanfälligkeit	Leber, Lebertran, Hering, Eigelb, Käse, Butter, Milchprodukten, Möhren, Spinat, Grünkohl, Broccoli, Feldsalat, Tomaten, (Trocken-) Aprikosen
Vitamin D (= Calciferol)	Calcium- und Phosphorstoffwechsel, Knochen- und Zahnentwicklung	Rachitis, gestörtes Knochen- und Zahnwachstum, Entmineralisierung der Knochen, Knochenbrüchigkeit, Muskelkrämpfe	Lebertran, Hering, Lachs, Leber, Kalbfleisch, Eigelb, Butter, Pilzen
Vitamin E (=Tocopherol)	Bildung von roten Blutzellen und Muskelzellen, Oxidationsschutz ungesättigter Fettsäuren etc.; Unterstützung der Sauerstoffverwertung in den Zellen	Beim Menschen nicht eindeutig nachgewiesen; Beeinträchtigung möglicherweise der Zellfunktionen, der Sauerstoffnutzung, Muskeltätigkeiten, Fortpflanzung (bei Tieren)	Naturbelassenen Pflanzenölen, Weizenkeimen, Eigelb, Sojabohnen, Hülsenfrüchten, Mandeln, Vollkornhaferflocken, Vollkorngetreide, Samen
Vitamin K (= Phyllochinon)	Cofaktor bei Blutgerinnung; Energiegewinnung, Regulation des Knochenstoffwechsels	Blutungsneigung, Kalziumabbau in Knochen	Grünem Gemüse und Pflanzenteilen, Tomaten, Blumenkohl, Schweineleber, Innereien und Geflügel
Vitamin C (= Ascorbinsäure)	Beteiligt bei Bildung von Kollagen und Hormonen, wichtig für gesundes Knochen- und Zahnwachstum, Oxidationsschutz für andere Vitamine, Verhinderung der Nitrosaminbildung, Unterstützung der Infektabwehr, Begünstigung der Eisenresorption	Skorbut, Zahnfleischbluten, Muskelschwund, gestörte Wundheilung, Infektionsanfälligkeit, Zahnausfall, Hautfunktionsstörungen, Reizbarkeit, Appetitverlust	Zitrusfrüchte, Kartoffeln, Paprika, schwarzen Johannisbeeren, Kiwi, Hagebutten, Petersilie
Vitamin B_1 (= Thiamin)	Energiebereitstellung im Kohlenhydratstoffwechsel, Funktionsunterstützung des Nervensystems, wesentlicher Faktor im Muskelstoffwechsel	Nervenentzündungen, Herzschwäche, Muskelschwäche, -krämpfe, Milchsäureanreicherung, Beri-Beri	Vollkorngetreide und -produkten, Müsli, Keimen, Hülsenfrüchten, Soja, Hefe, Schweinefleisch, Innereien, Milch

Vitamine			
Bezeichnung	**Aufgaben, Mitwirkung u. a. bei:**	**Mangelerscheinungen u. a.:**	**Vorkommen in Lebensmitteln u. a. in:**
Vitamin B_2 (= Riboflavin)	Energiebereitstellung aus Eiweiß, Kohlenhydraten, Fetten; Aufrechterhaltung der Zellmembranfunktion	Hautfunktionsstörungen, z. B. Risse an Nase, Lippen, Mundwinkel; Lichtempfindlichkeit	Getreidekeimen, Cornflakes, Hülsenfrüchten, Hefe, Gemüse, Leber, Herz, Geflügel, Makrele, Aal, Seelachs, Käse, Milchprodukten
Vitamin B_6 (= Pyridoxal)	Coenzym im Eiweiß, Fett-, Kohlenhydratstoffwechsel; Eiweißverwertung der Zelle; Bildung von roten Blutkörperchen und Antikörpern; Synthese von Nukleinsäuren	Hautfunktionsstörungen, glatte Zunge, Schläfrigkeit, Schwindel, Anämie, Nierensteine, Depression	Leber, Fleisch, Fisch, Hefe, Weizenkeimen, Eigelb, Vollkorngetreide und -reis, Käse, Gemüse, Obst, Avocado
Vitamin B_{12} (= Cobalamin)	Bildung roter Blutkörperchen, Nukleinsäuren und Eiweiß; Sauerstofftransport; Zellstoffwechsel	Perniziöse Anämie, Blässe, Gleichgewichtsstörungen, gefühllose Extremitäten, Muskelschwäche, Schwund der Magenschleimhaut	Leber, Innereien, Fisch, Fleisch, Vollmilch, Eiern
Niacin	Beteiligt am Energie-, Fell-, Eiweiß- und Kohlenhydratstoffwechsel der Zelle	Hautfunktionsstörungen, Pellagra, Durchfall, geistige Verwirrung, Übererregbarkeit, glatte Zunge, geschwollene Mundschleimhaut	Leber, Geflügel, Fleisch, Fisch, Pilzen, Hefe, Erdnüssen, Vollkorngetreide, Vollreis, Trockenfrüchen, Spargel, Zuckermais
Pantothensäure	Bildung energiereicher Verbindungen im Stoffwechsel von Eiweiß, Fett und Kohlenhydraten; Hormon-, Cholesterin-, Fettsäurenbildung	Bauchkrämpfe, Erbrechen, Müdigkeit, Fingerkribbeln (unter experimentellen Bedingungen)	Leber, Fleisch, Fisch, Pilzen, Getreide, Gemüse, Obst
Biotin	Aufbau von Fettsäuren; Neubildung von Glucose; Steuerung zentraler Stoffwechselprozesse; Energiefreisetzung aus Glucose	Appetitverlust, Schwindel, Erbrechen, Müdigkeit, Muskelschmerzen	Leber, Niere, Hefe, Sojamehl, Hülsenfrüchten, Vollkorngetreide, Nüssen, Eigelb
Folsäure	Aufbau von Zell(kern)-eiweiß, Bildung des roten Blutfarbstoffes, Förderung der Eisenresorption	Krankhafte Vergrößerung der roten Blutkörperchen, Durchfall, glatte Zungenoberfläche, Entzündung der Mundschleimhaut, Störung des Knochenmarkwachstums, Schwangerschaftskomplikationen, Fehlgeburten	Leber, Hefe, Gemüse, Rote Bete, Hülsenfrüchten, Rotkohl, Spinat

Nährstoffaufnahme

Viel zu wenig wird bei den ganzen Diskussionen über Vitamine und Mineralien beachtet, dass ganz entscheidend ist, was der Körper überhaupt aufnehmen kann. Im günstigsten Fall wird ein »Zuviel» über die Ausscheidungsorgane wieder entsorgt und im schlimmsten Fall kommt es zu regelrechten Vitamin- und Mineralstoffvergiftungen. Viel zu wenig sind die Erfahrungen der klassischen Naturheilkunde bekannt, die sich auf Störungen des Magen-Darm-Traktes beziehen.
So können anhaltende Rückenschmerzen auf eben diese Störungen zurückgeführt werden. Und es nützt herzlich wenig, auf Vitamin- und Mineralstoffpräparate zurückzugreifen, wenn ein gestörter Darm nicht in der Lage ist, selbst natürlich zugeführte Substanzen aufzunehmen.
Übertriebener sportlicher Ehrgeiz soll uns nicht dazu verführen, das »Gesundmachende« des Sports durch Einnahme von Präparaten wieder zunichte zu machen.

Schwitzen und Trinken

Wasser ist das »Lebensmittel Nr. 1«. Der Körper besteht zu ca. 60 Prozent aus Wasser, das sich hauptsächlich in den Zellen, zwischen den Zellen und im Blutgefäßsystem befindet. Bei Wasserverlust gehen auch immer Mineralstoffe verloren.

Für den Ausdauersportler ist es von allergrößter Bedeutung das »Richtige« zu trinken. Zunächst ist ein gutes Mineralwasser enorm wichtig, denn es enthält bereits eine Menge an Mineralien und Spurenelementen. Der tägliche Wasserbedarf eines Menschen liegt bei 2,5 bis 3,5 Liter. Ca. 1 Liter nehmen wir mit fester Nahrung zu uns. Es verbleiben also noch 1,5 bis 2,5 Liter, die zuzuführen sind – bei großen Schweißverlusten noch mehr.

Selbst hergestellte Elektrolytdrinks

Zwar lässt sich mit industriell hergestellten Elektrolytdrinks der Bedarf an Elektrolyten sehr gut ausgleichen, doch gesünder für den Sportler und seinen Geldbeutel ist ein selbst gemixtes Elektrolytgetränk.

Hier einige Vorschläge:
- Naturreine Obstsäfte (Johannisbeere, Apfelmost) mit viel Mineralwasser auffüllen.
- Mineralwasser mit frisch gepresstem Zitronensaft und wenig Obstessig auffüllen.

Ich persönlich gebe in meine Ration immer noch eine kräftige Prise Kristallsalz (kein raffiniertes Kochsalz) und habe selbst bei großem Schweißverlust (Bergtouren, Weitwandern) keine Probleme mit Muskelkrämpfen. Damit kann ich den Mineralverlust gut ausgleichen.

Laufprogramme

Bevor ich Ihnen detaillierte Laufprogramme vorstelle, möchte ich noch einige Punkte rund um das Lauftraining und die Trainingsgestaltung ansprechen.

Wo kann ich Laufen?

Wenn Sie in der Stadt wohnen

Laufgruppen in Sportvereinen können Ihnen hier sicher wertvolle Tipps geben. »Runden drehen« auf dem Sportplatz ist nur zu empfehlen, wenn kein anderes Trainingsgelände zur Verfügung steht.
Was bei einem Fortgeschrittenen ziemlich langweilig werden kann, ist für den Einsteiger vielleicht sogar nützlich: Benutzen Sie am Anfang immer die gleiche Trainingsstrecke, die entweder verlängert werden kann oder man läuft eine kürzere Strecke mehrmals (Runden drehen!).
Ein Trainingsgelände sollte folgende Bedingungen erfüllen:

- Möglichst abgasfreie Luft.
- Interessantes, abwechslungsreiches Gelände.
- Geringe Radfahrer- und Fußgängerfrequenz.

Wer solche Trainingsmöglichkeiten hat, ist gut dran.

den Monaten, in denen abends oder frühmorgens eine ausreichend beleuchtete Strecke fehlt. Empfehlenswert sind hier nichtasphaltierte aber relativ ebene Wald- oder Feldwege. Das Auge gewöhnt sich meist rasch an die Dunkelheit und Lauftraining ist auch ohne Beleuchtung gut möglich. Die »richtigen» Schuhe sind hier enorm wichtig (siehe »Ausrüstung – Schuhe«, S. 10), um ein »Übertreten« und damit Verletzungen zu vermeiden.

Wann kann ich Laufen?

Von heftigen Gewittern abgesehen, gibt es eigentlich keine Wettersituation, bei der man nicht laufen kann. Für Läufer gibt es kein schlechtes Wetter, sondern nur unpassende Kleidung. Die Bewegung in der Natur beziehungsweise im Freien bei jeder Witterung ist ein Erlebnis, das den meisten Menschen heute fehlt. Ein Lauf bei strömendem Regen kann eine sehr intensive und gute Wirkung auf die Psyche haben.

Es ist nicht jedermanns Sache ständig im Zickzack zu laufen, um anderen »Verkehrsteilnehmern« auszuweichen.

Wenn Sie auf dem Land wohnen

Hier wird sich die Suche nach einem geeigneten Laufgelände nicht schwierig gestalten. Probleme gibt es höchstens in

Laufen bei Hitze

Richtige Kleidung mit so genannter Funktionswäsche ist bei hohen Temperaturen wichtig. Unter Umständen auch eine Schirmmütze gegen die Sonneneinstrahlung. Wer Hitze schlecht verträgt, wählt für das Training am besten die frühren Morgenstunden. Ausreichendes Trinken nach dem Training (nur bei längeren Distanzen während des Laufes) ist von großer Bedeutung.
Große Hitze in Verbindung mit hoher Luftfeuchtigkeit kann eine starke Reduzierung des Trainingspensums erforderlich machen. Wer nicht sehr gut trainiert ist oder diese Witterung nicht verträgt, sollte auf das Lauftraining verzichten. Hier bietet sich Schwimmen als Ausdauertraining an.

Laufen bei Kälte

Tiefe Temperaturen bringen normalerweise keine Probleme für den Läufer. Wichtig ist eine Wollmütze und das Wechseln der Oberkörperbekleidung, wenn Sie nach dem Laufen länger als 10 Minuten mit dem Auto vom Trainingsgelände nach Hause fahren müssen.

Laufen bei Regen

Auch in diesem Fall ist die richtige Bekleidung angesagt. Ich persönlich laufe nie mit einer Regenjacke. Durch die Bildung der Feuchtigkeit unter der Jacke ist man sowieso schnell klatschnass. Entscheidend ist auch hier das sofortige Umziehen nach dem Lauftraining.

Laufen bei Schnee und Eis

Auch Schnee hindert nicht am Training. Glatte Schneeflächen oder eisige Wege verlangen eine geeignete Schuhsohle. Bei extrem vereisten Wegen empfiehlt es sich querfeldein zu laufen. Wer die Möglichkeit hat, nutzt die Schneetage zu einem abwechslungsreichen Skilanglauftraining.

Laufprogramm 1: Einsteiger

Für den Einsteiger kommen nur zwei Trainingsformen in Frage: Gehen und Laufen in einer Kombination, bei der die Gesamtzeit des Laufpensums zunimmt und die Gehpausen immer kürzer werden. Welche Belastung ist für den Neuling richtig? Hier haben wir zwei Parameter zur Verfügung: die Atmung und die Pulsfrequenz.

Atmung

Ein alter, simpler und doch zuverlässiger Messwert ist die Atmung: Laufen Sie so schnell, dass Sie sich dabei noch mühelos unterhalten können. Die Betonung liegt auf »können«, denn gerade am Anfang ist es sinnvoll, den

Atemrhythmus nicht durch ständiges Reden zu stören.
Für die Fortgeschrittenen ist das kein Problem mehr. Dieses Gleichgewicht zwischen Sauerstoffaufnahme und Sauerstoffverbrauch nennt der Sportwissenschaftler »Training im aeroben Bereich« (aero = Luft). Im Gegensatz zum Training im »anaeroben« Bereich, bei dem der Läufer eine mehr oder weniger große Sauerstoffschuld eingeht. Das Tempo ist höher als es der aufgenommene Sauerstoff eigentlich erlaubt.
Für den Einsteiger und den Gesundheitssportler gibt es eigentlich nur ein Training im aeroben Bereich.
Im Übrigen: Fettverbrennung findet nur im aeroben Trainingsbereich statt!

Pulsfrequenz

Messen der Pulsfrequenz

Der sicherste Maßstab für die optimale Trainingsbelastung ist die Pulsfrequenz. Sie zeigt am besten die Qualität des Trainings und hilft, zu hohe, ungewollte Belastungen zu vermeiden.
Wie messe ich meine Pulsfrequenz? Die einfachste, nicht sehr genaue Methode ist, die Schlagzahl am Handgelenk oder noch besser an der Halsschlagader zu zählen.
Am besten ist es, 10 Sekunden zu zählen und den ermittelten Wert mit 6 zu multiplizieren. Oder Sie zählen 6 Sekunden und multiplizieren mit 10. Wer hier um einen Schlag falsch zählt, hat schon eine Differenz von 10 Schlägen. Aber Sie haben wenigstens eine ungefähre Richtschnur.

Pulsmesser

Ziemlich genau gibt ein Pulsmesser die Herzfrequenz wieder. Ein Impulsgeber an einem um die Brust getragenen Gurt gibt ein Signal an eine Art Armbanduhr weiter. Diese zeigt die Pulsfrequenz an. Je nach Modell und Einstellung kann man auch noch eine Ober- und Untergrenze des Pulses einstellen und sich durch einen Piepston »warnen« lassen. Wenn Sie häufig im Bereich von Hochspannungsleitungen oder an Bahnlinien trainieren, können Sie den Pulsmesser vergessen. Die Frequenzen, die von einer Starkstromleitung ausgehen, lassen den Puls (natürlich nur auf der Pulsuhr) auf abenteuerliche Werte von 220 hochschnellen. Trotzdem ist der Pulsmesser gerade für den Einsteiger – besonders wenn bereits Herz-Kreislauf-Probleme vorliegen – ein ideales Gerät zur Pulskontrolle.

Welche Pulsfrequenz ist für mich richtig?

Das Messen ist die eine Seite, aber welchen Puls muss ich für mich wählen? Auch hier gibt es unterschiedliche Ansatzpunkte und Auslegungen vonseiten der Sportwissenschaft.

Methode 1

Man trainiert als Einsteiger oder Gesundheitssportler mit 50 Prozent der zur Zeit möglichen Belastungsintensität. Was heißt das? Professor Hollmann hat eine Tabelle entwickelt mit statistisch ermittelten höchsten Pulsfrequenzen für bestimmte Altersstufen:

20- bis 30-Jährige = 195/Min.
31- bis 40-Jährige = 189/Min.
41- bis 50-Jährige = 182/Min.
51- bis 60-Jährige = 170/Min.
61- bis 70-Jährige = 162/Min.
71- bis 80-Jährige = 145/Min.

Das Rechenexempel sieht nun so aus: Ein 55-Jähriger hat eine Höchstleistungsfrequenz von 170, sein Ruhepuls beträgt 70 Schläge. Dann ist die Differenz von 70 bis 170 genau 100 Schläge. 50 Prozent davon, nämlich 50 Schläge, werden dem Ruhepuls von 70 hinzugezählt und ergeben eine Pulsfrequenz für das Training von 120 Schlägen.
Aus der Tabelle auf Seite 96 können Sie die für Sie bereits errechneten Werte entnehmen.

Hollmann weist jedoch darauf hin, dass zum Beispiel bei 20- bis 30-jährigen Personen die ermittelten Frequenzen erheblich schwanken und zwischen 180 und 210 Schlägen liegen. Also auch diese Werte sind nur Anhaltspunkte.

Ermittlung der Pulsfrequenz für Untrainierte während der sportlichen Belastung			
Alter	**Ruhepuls**	**Höchste Pulsfrequenz**	**Höchster Belastungspuls**
20- bis 30-Jährige	60	195	128
	65	195	130
	70	195	133
	75	195	136
	80	195	138
31- bis 40-Jährige	60	189	125
	65	189	127
	70	189	130
	75	189	132
	80	189	135
41- bis 50-Jährige	60	182	121
	65	182	124
	70	182	126
	75	182	129
	80	182	131
51- bis 60-Jährige	60	170	115
	65	170	118
	70	170	120
	75	170	123
	80	170	125
61- bis 70-Jährige	60	162	111
	65	162	114
	70	162	116
	75	162	119
	80	162	121
71- bis 80-Jährige	60	145	103
	65	145	105
	70	145	108
	75	145	110
	80	145	113

Methode 2

Genauso gut können Sie Ihren Trainingspuls über die Methode **170 minus Lebensalter** ermitteln. Danach ist Ihr idealer Puls 120, wenn Sie 50 Jahre alt sind.

Methode 3

Der amerikanische Arzt und Trainer Dr. Philipp Maffetone gibt zur Ermittlung des aeroben Bereichs folgenden Ratschlag: **180 minus Lebensalter.**
Dieses Ergebnis wird folgendermaßen modifiziert:

A: Minus 10 Schläge bei der Einnahme von Medikamenten und vorhandenen Herzproblemen.

B: Minus 5 bei längeren Trainingspausen, Verletzungen, Erkältungen, Allergien.

C: Minus 0, wenn Sie seit 2 Jahren ohne Probleme trainieren.

D: Plus 5, wenn Sie mehr als zwei Jahre mit deutlichen Trainingsfortschritten trainieren.

Ein Beispiel: Sie sind 40 Jahre alt und entsprechen Kategorie B. Das entspricht: 180 minus 40 = 140; 140 minus 5 = **135 Schläge/Min.**

Zum folgenden Laufprogramm: Die angegebenen Gehpausen werden auf die Gesamtzeit aufgeteilt und nach jeder Laufeinheit eingeschoben. Verringern Sie im Verlauf des Trainings die Gehpausen bei einem stabilen Gesamtpensum der Zeit, absolvieren Sie das Programm 2, damit Ihre Laufleistung konstant bleibt oder sich noch verbessert.

Tipps:

- Laufen Sie nicht zu schnell, sondern lieber langsamer und länger.
- Halten Sie die angegebenen Zeiten ein, auch wenn Sie sich leistungsfähiger fühlen. Muskeln, Sehnen, Bänder und Gelenke müssen sich an die Belastung erst gewöhnen.
- Trainieren Sie nach Plan, aber nicht stur nach Plan. Das persönliche Wohlbefinden während und nach dem Laufen ist der entscheidende Gradmesser.
- Bei Trainingspausen springen Sie im Trainingsplan so weit zurück, wie die Pause gedauert hat.
- Wenn Sie das Training leicht und ohne große Mühe schaffen, ist es richtig.
- Es ist unwichtig, wie weit Sie bei einer Trainingseinheit laufen, die absolute Zeitdauer ist entscheidend.
- Planen Sie die Trainingstage fest ein. Schlechtes Wetter sollte kein Hinderungsgrund sein.
- Ein wichtiger Grund nicht zu trainieren sind Erkältungskrankheiten!
- Stellen Sie während der Aufbauphase von 4 Monaten andere Aktivitäten in den Hintergrund.
- Wenn Sie es geschafft haben »Ihr« Trainingspensum zu absolvieren – ohne große Anstrengung – wird Laufen zu einem ständigen Lebenselixier.

Laufprogramm 1: Einsteiger

Woche	Montag	Dienstag	Mittwoch	Donnerstag	Freitag	Samstag	Sonntag
1		**16 Minuten** 4 x 2 Min. Laufen (8 Min.) 4 x 2 Min. Gehen im Wechsel	• Stretching • Krafttraining	**16 Minuten** 4 x 2 Min. Laufen (8 Min.) 4 x 2 Min. Gehen im Wechsel	• Stretching • Krafttraining	**16 Minuten** 4 x 2 Min. Laufen (8 Min.) 4 x 2 Min. Gehen im Wechsel	• Wandern • Schwimmen • Rad fahren
2	• Stretching • Krafttraining	**20 Minuten** 5 x 2 Min. Laufen (10 Min.) 5 x 2 Min. Gehen im Wechsel	• Stretching • Krafttraining	**20 Minuten** 5 x 2 Min. Laufen (10 Min.) 5 x 2 Min. Gehen im Wechsel	• Entspannungs-training	**20 Minuten** 5 x 2 Min. Laufen (10 Min.) 5 x 2 Min. Gehen im Wechsel	
3	• Stretching • Krafttraining	**20 Minuten** 5 x 2 Min. Laufen (10 Min.) 5 x 2 Min. Gehen im Wechsel	• Stretching • Krafttraining	**20 Minuten** 5 x 2 Min. Laufen (10 Min.) 5 x 2 Min. Gehen im Wechsel	• Schwimmen	**20 Minuten** 5 x 2 Min. Laufen (10 Min.) 5 x 2 Min. Gehen im Wechsel	• Wandern • Rad fahren
4	• Stretching • Krafttraining	**22 Minuten** 6 x 2 Min. Laufen (12 Min.) 10 Min. Gehen	• Stretching • Krafttraining	**22 Minuten** 6 x 2 Min. Laufen (12 Min.) 10 Min. Gehen	• Entspannungs-training	**22 Minuten** 6 x 2 Min. Laufen (12 Min.) 10 Min. Gehen	

Laufprogramm 1: Einsteiger							
Woche	**Montag**	**Dienstag**	**Mittwoch**	**Donnerstag**	**Freitag**	**Samstag**	**Sonntag**
5	• Stretching • Krafttraining	**24 Minuten** 6x2:30 Min. Laufen (15 Min.) 9 Min. Gehen	• Stretching • Krafttraining	**24 Minuten** 6x2:30 Min. Laufen (15 Min.) 9 Min. Gehen	• Schwimmen	**24 Minuten** 6x2:30 Min. Laufen (15 Min.) 9 Min. Gehen	• Wandern • Rad fahren
6	• Stretching • Krafttraining	**26 Minuten** 6x3 Min. Laufen (18 Min.) 8 Min. Gehen	• Stretching • Krafttraining	**26 Minuten** 6x3 Min. Laufen (18 Min.) 8 Min. Gehen	• Schwimmen	**26 Minuten** 6x3 Min. Laufen (18 Min.) 8 Min. Gehen	• Wandern • Rad fahren
7	• Entspannungs-training	**26 Minuten** 6x3 Min. Laufen (18 Min.) 8 Min. Gehen	• Stretching • Krafttraining	**26 Minuten** 6x3 Min. Laufen (18 Min.) 8 Min. Gehen	• Stretching • Krafttraining	**26 Minuten** 6x3 Min. Laufen (18 Min.) 8 Min. Gehen	• Wandern • Rad fahren
8	• Stretching • Krafttraining	**28 Minuten** 6x3:20 Min. Laufen (20 Min.) 8 Min. Gehen	• Stretching • Krafttraining	**28 Minuten** 6x3:20 Min. Laufen (20 Min.) 8 Min. Gehen	• Entspannungs-training	**28 Minuten** 6x3:20 Min. Laufen (20 Min.) 8 Min. Gehen	• Wandern • Rad fahren

Laufprogramm 1: Einsteiger

Woche	Montag	Dienstag	Mittwoch	Donnerstag	Freitag	Samstag	Sonntag
9	• Entspannungs-training	**28 Minuten** 3x3 Min. 3x4 Min. Laufen (21 Min.) 7 Min. Gehen	• Stretching • Krafttraining	**28 Minuten** 3x3 Min. 3x4 Min. Laufen (21 Min.) 7 Min. Gehen	• Stretching • Krafttraining	**28 Minuten** 3x3 Min. 3x4 Min. Laufen (21 Min.) 7 Min. Gehen	• Wandern • Rad fahren
10	• Stretching • Krafttraining	**30 Minuten** 2x3 Min. 3x5 Min. Laufen (21 Min.) 9 Min. Gehen	• Stretching • Krafttraining	**30 Minuten** 2x3 Min. 3x5 Min. Laufen (21 Min.) 9 Min. Gehen	• Schwimmen	**30 Minuten** 2x3 Min. 3x5 Min. Laufen (21 Min.) 9 Min. Gehen	• Wandern • Rad fahren
11	• Entspannungs-training	**32 Minuten** 4x5 Min. 1x3 Min. Laufen (23 Min.) 9 Min. Gehen	• Stretching • Krafttraining	**32 Minuten** 4x5 Min. 1x3 Min. Laufen (23 Min.) 9 Min. Gehen	• Stretching • Krafttraining	**32 Minuten** 4x5 Min. 1x3 Min. Laufen (23 Min.) 9 Min. Gehen	• Wandern • Rad fahren
12	• Stretching • Krafttraining	**34 Minuten** 5x5 Min. Laufen (25 Min.) 9 Min. Gehen	• Stretching • Krafttraining	**34 Minuten** 5x5 Min. Laufen (25 Min.) 9 Min. Gehen	• Entspannungs-training	**34 Minuten** 5x5 Min. Laufen (25 Min.) 9 Min. Gehen	• Wandern • Rad fahren

Laufprogramm 1: Einsteiger

Woche	Montag	Dienstag	Mittwoch	Donnerstag	Freitag	Samstag	Sonntag
13	• Entspannungs-training	**36 Minuten** 3x7 Min. 1x6 Min. Laufen (27 Min.) 9 Min. Gehen	• Stretching • Krafttraining	**36 Minuten** 3x7 Min. 1x6 Min. Laufen (27 Min.) 9 Min. Gehen	• Stretching • Krafttraining	**36 Minuten** 3x7 Min. 1x6 Min. Laufen (27 Min.) 9 Min. Gehen	• Wandern • Rad fahren
14	• Stretching • Krafttraining	**38 Minuten** 2x9 Min. 1x10 Min. Laufen (28 Min.) 9 Min. Gehen	• Stretching • Krafttraining	**38 Minuten** 2x9 Min. 1x10 Min. Laufen (28 Min.) 9 Min. Gehen	• Schwimmen	**38 Minuten** 2x9 Min. 1x10 Min. Laufen (28 Min.) 9 Min. Gehen	• Wandern • Rad fahren
15	• Entspannungs-training	**40 Minuten** 2x10 Min. 1x12 Min. Laufen (32 Min.) 8 Min. Gehen	• Stretching • Krafttraining	**40 Minuten** 2x10 Min. 1x12 Min. Laufen (32 Min.) 8 Min. Gehen	• Stretching • Krafttraining	**40 Minuten** 2x10 Min. 1x12 Min. Laufen (32 Min.) 8 Min. Gehen	• Wandern • Rad fahren
16	• Stretching • Krafttraining	**45 Minuten** 2x15 Min. 1x8 Min. Laufen (38 Min.) 7 Min. Gehen	• Stretching • Krafttraining	**45 Minuten** 2x15 Min. 1x8 Min. Laufen (38 Min.) 7 Min. Gehen	• Schwimmen	**45 Minuten** 2x15 Min. 1x8 Min. Laufen (38 Min.) 7 Min. Gehen	• Wandern • Rad fahren

Sie müssen sich bei »Ihrem« Lauftempo wohl fühlen!

Laufprogramm 2: Gesundheitsläufer – Wiedereinsteiger

In diesem Programm sind mehrere Gruppen zusammengefasst:

- Gesundheitsbewusste, die das Einsteigerprogramm bereits absolviert haben, aber keinerlei Wettkampfambitionen besitzen.
- Wiedereinsteiger, die früher regelmäßig ein Lauftraining absolviert haben.
- Sportliche Einsteiger, die andere Sportarten ausüben und gerne das Laufen als zusätzliche Sportart betreiben wollen.

Diese Gruppe sollte sich an das vorgegebene Programm auch dann halten, wenn die persönliche Ausdauerleistung vielleicht schon wesentlich besser ist als die Vorgaben aufzeigen. Bänder, Sehnen und Gelenke brauchen viel länger als das Herz-Kreislauf-System, um sich auf die Anforderungen des Laufens einzustellen. Ich persönlich kenne eine ganze Reihe von guten Radsportlern, die alle mit dem Lauftraining aufgehört haben, weil Bänder, Sehnen und Gelenke Probleme bereitet haben. Diese Sportler besitzen zwar eine »Bärenkondition«, weshalb sie auf Anhieb eine viel zu lange Strecke gelaufen sind. Die Folge: Muskelverletzungen, Sehnenentzündungen u. a. Man darf nicht vergessen, dass der Läufer – im Gegensatz zum Radfahrer – sein eigenes Körpergewicht »tragen« muss. Deshalb ist ein mehr oder weniger großer Gewöhnungszeitraum notwendig.

Frauen sind für den Ausdauersport gut geeignet.

Eine kleine Trainingslehre

Warum wird meine Leistungsfähigkeit durch Training verbessert oder auch verschlechtert? In wenigen Sätzen möchte ich versuchen, Ihnen darauf eine Antwort zu geben.

Die Superkompensation

Unser Organismus ist ein gigantisches Wunderwerk, das sich so gut es nur geht an Anforderungen anpasst. Das Lauftraining ist so eine Anforderung, die richtig dosiert am Ende zu einer Leistungssteigerung führt. Von einem individuellen

Phasen der Superkompensation: Wer die Phase II häufig vorzeitig beendet, ist auf dem Weg zum Übertraining.

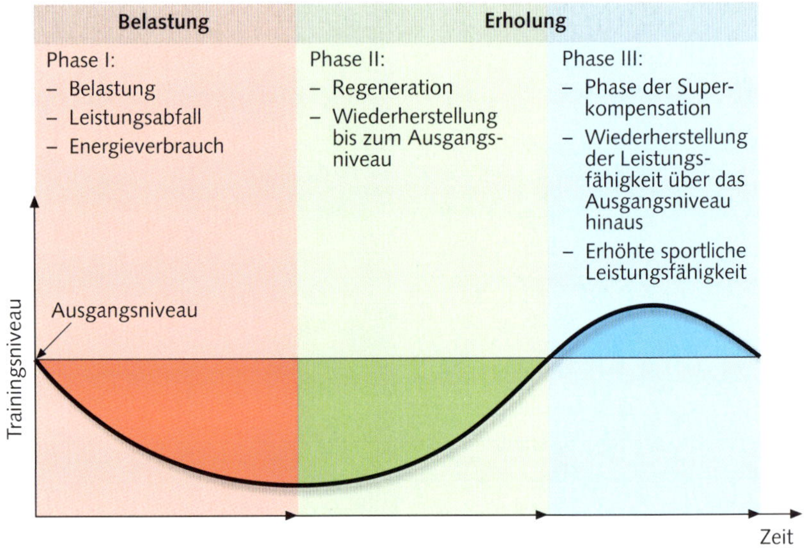

Ausgangsnieveau führt die Trainingsbelastung zu einem Leistungsabfall. In der folgenden Phase regeneriert sich der Organismus bis zum Ausgangsnieveau und geht sogar noch ein Stück darüber hinaus. Der Sportwissenschaftler spricht von der »Superkompensation« (siehe Grafik oben). Wird in diesem Bereich der Leistungssteigerung ein neuer Trainingsreiz gesetzt, folgt eine weitere Leistungssteigerung. Bleiben diese weiteren Trainingsreize aus, fällt die Leistung auf das ursprüngliche Niveau zurück. Aber – und das macht die Trainingsgestaltung so schwierig – erfolgen die neuen Belastungen in den Regenerationsphasen, kommt es zu einem kontinuierlichen Leistungsabfall. Der Freizeitsportler tut gut daran, auf seine innere Stimme und seine Befindlichkeit zu achten. Müdigkeit und Lustlosigkeit schon zu Beginn des Trainings sind ein deutliches Indiz, dass mit den gestellten Anforderungen etwas nicht stimmt. Diese Aufgabe der Selbstbeobachtung (Bin ich nur faul heute oder ist eine Überforderung vorhanden?) kann einem niemand abnehmen. Die drei Phasen in der Grafik oben verdeutlichen den Vorgang nochmals.

Beachte:

Teilen Sie die angegebenen Gehzeiten auf die Pausen zwischen den Laufeinheiten auf.
Finden Sie Ihr optimales Trainingspensum heraus und wechseln Sie ruhig einmal zwischen den gesamten Trainingszeiten.

Laufprogramm 2: Gesundheitsläufer – Wiedereinsteiger

Woche	Montag	Dienstag	Mittwoch	Donnerstag	Freitag	Samstag	Sonntag
1	• Stretching • Krafttraining	**40 Minuten** 2x10 Min. 1x12 Min. Laufen (32 Min.) 8 Min. Gehen	• Stretching • Krafttraining	**40 Minuten** 2x10 Min. 1x12 Min. Laufen (32 Min.) 8 Min. Gehen	• Entspannungs-training	**40 Minuten** 2x10 Min. 1x12 Min. Laufen (32 Min.) 8 Min. Gehen	• Wandern • Rad fahren • andere Sport-arten
2	• Entspannungs-training	**45 Minuten** 2x15 Min. 1x8 Min. Laufen (38 Min.) 7 Min. Gehen	• Stretching • Krafttraining	**45 Minuten** 2x15 Min. 1x8 Min. Laufen (38 Min.) 7 Min. Gehen	• Stretching • Krafttraining	**45 Minuten** 2x15 Min. 1x8 Min. Laufen (38 Min.) 7 Min. Gehen	• Wandern • Rad fahren • andere Sport-arten
3	• Stretching • Krafttraining	**45 Minuten** 2x19 Min. Laufen (38 Min.) 7 Min. Gehen	• Stretching • Krafttraining	**45 Minuten** 2x19 Min. Laufen (38 Min.) 7 Min. Gehen	• Entspannungs-training	**45 Minuten** 2x19 Min. Laufen (38 Min.) 7 Min. Gehen	• Wandern • Rad fahren • andere Sport-arten
4	• Entspannungs-training	**45 Minuten** 2x20 Min. Laufen (40 Min.) 5 Min. Gehen	• Stretching • Krafttraining	**45 Minuten** 2x20 Min. Laufen (40 Min.) 5 Min. Gehen	• Stretching • Krafttraining	**45 Minuten** 2x20 Min. Laufen (40 Min.) 5 Min. Gehen	• Wandern • Rad fahren • andere Sport-arten

Laufprogramm 2: Gesundheitsläufer – Wiedereinsteiger

Woche	Montag	Dienstag	Mittwoch	Donnerstag	Freitag	Samstag	Sonntag
5	• Stretching • Krafttraining	**45 Minuten** 1x25 Min. 1x15 Min. Laufen (40 Min.) 5 Min. Gehen	• Stretching • Krafttraining	**45 Minuten** 1x25 Min. 1x15 Min. Laufen (40 Min.) 5 Min. Gehen	• Entspannungs-training	**45 Minuten** 1x25 Min. 1x15 Min. Laufen (40 Min.) 5 Min. Gehen	• Wandern • Rad fahren • andere Sport-arten
6	• Entspannungs-training	**45 Minuten** 1x28 Min. 1x12 Min. Laufen (40 Min.) 5 Min. Gehen	• Stretching • Krafttraining	**45 Minuten** 1x28 Min. 1x12 Min. Laufen (40 Min.) 5 Min. Gehen	• Stretching • Krafttraining	**45 Minuten** 1x28 Min. 1x12 Min. Laufen (40 Min.) 5 Min. Gehen	• Wandern • Rad fahren • andere Sport-arten
7	• Stretching • Krafttraining	**50 Minuten** 1x30 Min. 1x15 Min. Laufen (45 Min.) 5 Min. Gehen	• Stretching • Krafttraining	**50 Minuten** 1x30 Min. 1x15 Min. Laufen (45 Min.) 5 Min. Gehen	• Entspannungs-training	**50 Minuten** 1x30 Min. 1x15 Min. Laufen (45 Min.) 5 Min. Gehen	• Wandern • Rad fahren • andere Sport-arten
8	• Entspannungs-training	**50 Minuten** 1x35 Min. 1x10 Min. Laufen (45 Min.) 5 Min. Gehen	• Stretching • Krafttraining	**50 Minuten** 1x35 Min. 1x10 Min. Laufen (45 Min.) 5 Min. Gehen	• Stretching • Krafttraining	**50 Minuten** 1x35 Min. 1x10 Min. Laufen (45 Min.) 5 Min. Gehen	• Wandern • Rad fahren • andere Sport-arten

Laufprogramm 2: Gesundheitsläufer – Wiedereinsteiger

Woche	Montag	Dienstag	Mittwoch	Donnerstag	Freitag	Samstag	Sonntag
9	• Stretching • Krafttraining	**50 Minuten** 1x40 Min. 1x5 Min. Laufen (45 Min.) 5 Min. Gehen	• Stretching • Krafttraining	**50 Minuten** 1x40 Min. 1x5 Min. Laufen (45 Min.) 5 Min. Gehen	• Entspannungs-training	**50 Minuten** 1x40 Min. 1x5 Min. Laufen (45 Min.) 5 Min. Gehen	• Wandern • Rad fahren • andere Sport-arten
10	• Entspannungs-training	**55 Minuten** 1x40 Min. 1x10 Min. Laufen (50 Min.) 5 Min. Gehen	• Stretching • Krafttraining	**55 Minuten** 1x40 Min. 1x10 Min. Laufen (50 Min.) 5 Min. Gehen	• Stretching • Krafttraining	**55 Minuten** 1x40 Min. 1x10 Min. Laufen (50 Min.) 5 Min. Gehen	• Wandern • Rad fahren • andere Sport-arten
11	• Stretching • Krafttraining	**55 Minuten** 1x45 Min. 1x5 Min. Laufen (50 Min.) 5 Min. Gehen	• Stretching • Krafttraining	**55 Minuten** 1x45 Min. 1x5 Min. Laufen (50 Min.) 5 Min. Gehen	• Entspannungs-training	**55 Minuten** 1x45 Min. 1x5 Min. Laufen (50 Min.) 5 Min. Gehen	• Wandern • Rad fahren • andere Sport-arten
12	• Entspannungs-training	**60 Minuten** 1x50 Min. 1x5 Min. Laufen (55 Min.) 5 Min. Gehen	• Stretching • Krafttraining	**60 Minuten** 1x50 Min. 1x5 Min. Laufen (55 Min.) 5 Min. Gehen	• Stretching • Krafttraining	**60 Minuten** 1x50 Min. 1x5 Min. Laufen (55 Min.) 5 Min. Gehen	• Wandern • Rad fahren • andere Sport-arten

1477
1799
1733
1448
1418
ELITE-TEAM

Laufprogramm 3: Zehn Kilometer bis Halbmarathon

Dieses Programm ist für Läufer gedacht, die längere Distanzen – bis zum Halbmarathon – zurücklegen wollen. Diese Steigerung des Trainingsprogramms hat jedoch keinen höheren gesundheitlichen Wert, sondern ist leistungsorientiert. Gesund ist ein derartiges Trainingspensum dann nicht mehr, wenn die zwingend notwendige Trainingsgrundlage fehlt. Die Zeit für ein solches Laufpensum muss gegeben sein. Und ein umfangreiches Training, kombiniert mit privaten, finanziellen oder geschäftlichen Sorgen kann ebenfalls kontraproduktiv sein. Schließlich ist für Sie Laufen immer noch eine wunderbare Gelegenheit, dem Bewegungsmangel mit allen Begleiterscheinungen entgegenzuwirken, aber Sie sind kein Profi, der mit diesem Sport seinen Lebensunterhalt verdient.
Wer eine Stunde problemlos laufen kann und sein Training abwechslungsreicher gestalten will, kann noch andere Trainingsformen wählen, die ich hier kurz ansprechen will:

Dauerlauf

Der Dauerlauf im aeroben Bereich, in dem sich Sauerstoffaufnahme und -verbrauch die Waage halten, ist nach wie vor die Grundlage des gesamten Trainings.

Fahrtspiel

Ursprünglich aus Schweden kommt diese Art des Trainings (schwedisch »Fartlek«). Es wurde von Ausdauersportlern schon 1930 entwickelt und hat nichts von seinem Reiz eingebüßt.
Wie der Name schon sagt, ist dieses Training ein Spiel mit der Laufgeschwindigkeit. Am schönsten ist dieses Training in der freien Natur. Auf einem Sportplatz durchgeführt verliert es einiges an der ursprünglichen Grundidee.

Es gibt zwei Möglichkeiten:

1. Ein steter Wechsel der Geschwindigkeit mit Erholungspausen (Gehen oder Traben).
2. Ein hügeliges Gelände, der Wechsel der Belastung wird ganz natürlich erreicht.

Ein gelungenes Fahrtspiel bietet die Gelegenheit, die eigene Leistungsfähigkeit kennen zu lernen und die Intensität auf die körperliche Verfassung abzustimmen.
Der Urheber dieses Trainings war der schwedische Hotelbesitzer Gösta Olander. Das Gebiet um sein Hotel im schwedischen Valadalen ist ein ideales Trainingsgebiet. Die waldreiche und gebirgige Landschaft mit weichem Moosboden hat jahrzehntelang Weltklasseathleten angezogen.

Intervalltraining

Diese Trainingsform bleibt dem Läufer mit Wettkampfambitionen vorbehalten. Mit keinem anderen Training ist so schnell und unmerklich ein Übertraining möglich. Es verlangt eine genaue, individuelle Dosierung. In den 1960er-Jahren trainierte eine ganze Läufergeneration nach diesen Vorgaben mit sehr unterschiedlichen Ergebnissen. Manche Lauftalente wurden durch das Intervalltraining regelrecht verheizt.

Intervalltraining bedeutet

- Schnelle Läufe über kurze Strecken (200 bis 600 Meter) mit einem Zeitzuschlag von 25 bis 33 Prozent auf die jeweilige Streckenbestzeit.
- Trabpausen bis zur Pulserholung auf ca. 120 Schläge.
- 10 bis 15 Wiederholungen. Sehr wichtig ist 20-minütiges Einlaufen und mindestens 10-minütiges Auslaufen.
- Streckenlängen können bei einer Einheit unverändert bleiben (z. B. 15 x 200 m) oder wechseln (200 m/ 400 m/600 m/ 400 m/200 m).

Tempolauftraining bedeutet

- Schnellere Läufe als beim Intervalltraining (Renntempo oder höher).
- Lange Erholungspausen.
- 4 bis 6 Serien werden gelaufen.
- Mindestens 15 bis 20 Minuten ein- und auslaufen.

Wiederholungstraining bedeutet

- Die Intervallstrecken werden deutlich langsamer gelaufen.
- Die Strecken sind länger als 600 Meter und je nach Streckenlänge werden 2 bis 5 Läufe absolviert.
- Obligatorisch: 15 bis 20 Minuten ein- und auslaufen.

Bei den individuell unterschiedlichen Voraussetzungen kann der folgende Trainingsplan nur als Vorlage dienen, um die eigenen Möglichkeiten zu überprüfen und in das Training mehr Abwechslung zu bringen.
Auf die Angaben zu Laufzeiten für die einzelnen Trainingskilometer wurde bewusst verzichtet.

Beachte:
Voraussetzung ist, dass Sie das Niveau der 12. Trainingswoche aus dem Laufprogramm 2 erreicht haben.

Laufprogramm 3: Zehn Kilometer bis Halbmarathon

Woche	Montag	Dienstag	Mittwoch	Donnerstag	Freitag	Samstag	Sonntag
1	• Entspannungs-training	**10 Kilometer** Dauerlauf	• Stretching • Krafttraining	**3x3 Kilometer** Wiederholungs-lauf in höherem Tempo 3x5 Min. Traben	• Stretching • Krafttraining	**8 Kilometer** Dauerlauf	**60 Minuten** Fahrtspiel
2	• Stretching • Krafttraining	**10 Kilometer** Dauerlauf	• Stretching • Krafttraining	**6x1 Kilometer** Wiederholungs-lauf in höherem Tempo 6x3 Min. Traben	• Entspannungs-training	**60 Minuten** Fahrtspiel	**10 Kilometer** Dauerlauf
3	• Entspannungs-training	**12 Kilometer** Dauerlauf	• Stretching • Krafttraining	**4x2 Kilometer** Wiederholungs-lauf in höherem Tempo 4x3 Min. Traben	• Stretching • Krafttraining	**10 Kilometer** Dauerlauf	**60 Minuten** Fahrtspiel
4	• Stretching • Krafttraining	**12 Kilometer** Dauerlauf	• Stretching • Krafttraining	**3x3 Kilometer** Wiederholungs-lauf in höherem Tempo 3x5 Min. Traben	• Entspannungs-training	**60 Minuten** Fahrtspiel	**10 Kilometer** Dauerlauf

Laufprogramm 3: Zehn Kilometer bis Halbmarathon

Woche	Montag	Dienstag	Mittwoch	Donnerstag	Freitag	Samstag	Sonntag
5	• Entspannungs-training	**14 Kilometer** Dauerlauf	• Stretching • Krafttraining	**3x3 Kilometer** Wiederholungs-lauf in höherem Tempo 3x3 Min. Traben	• Stretching • Krafttraining	**12 Kilometer** Dauerlauf	**60 Minuten** Fahrtspiel
6	• Stretching • Krafttraining	**14 Kilometer** Dauerlauf	• Stretching • Krafttraining	**6x1 Kilometer** Wiederholungs-lauf in höherem Tempo 6x3 Min. Traben	• Entspannungs-training	**60 Minuten** Fahrtspiel	**12 Kilometer** Dauerlauf
7	• Entspannungs-training	**12 Kilometer** Dauerlauf	• Stretching • Krafttraining	**4x2 Kilometer** Wiederholungs-lauf in höherem Tempo 4x3 Min. Traben	• Stretching • Krafttraining	**14 Kilometer** Dauerlauf	**60 Minuten** Fahrtspiel
8	• Stretching • Krafttraining	**16 Kilometer** Dauerlauf	• Stretching • Krafttraining	**3x3 Kilometer** Wiederholungs-lauf in höherem Tempo 3x3 Min. Traben	• Entspannungs-training	**60 Minuten** Fahrtspiel	**14 Kilometer** Dauerlauf

Laufprogramm 3: Zehn Kilometer bis Halbmarathon							
Woche	**Montag**	**Dienstag**	**Mittwoch**	**Donnerstag**	**Freitag**	**Samstag**	**Sonntag**
9	• Entspannungs-training	**18 Kilometer** Dauerlauf	• Stretching • Krafttraining	**3x3 Kilometer** Wiederholungs-lauf in höherem Tempo 3x3 Min. Traben	• Stretching • Krafttraining	**14 Kilometer** Dauerlauf	**60 Minuten** Fahrtspiel
10	• Stretching • Krafttraining	**18 Kilometer** Dauerlauf	• Stretching • Krafttraining	**6x1 Kilometer** Wiederholungs-lauf in höherem Tempo 6x3 Min. Traben	• Entspannungs-training	**60 Minuten** Fahrtspiel	**14 Kilometer** Dauerlauf
11	• Entspannungs-training	**18 Kilometer** Dauerlauf	• Stretching • Krafttraining	**4x2 Kilometer** Wiederholungs-lauf in höherem Tempo 4x3 Min. Traben	• Stretching • Krafttraining	**16 Kilometer** Dauerlauf	**60 Minuten** Fahrtspiel
12	• Stretching • Krafttraining	**21 Kilometer** Dauerlauf »Halbmarathon«	• Stretching • Krafttraining	**3x3 Kilometer** Wiederholungs-lauf in höherem Tempo 3x3 Min. Traben	• Entspannungs-training	**60 Minuten** Fahrtspiel	**16 Kilometer** Dauerlauf

Laufprogramm 4: Marathon

Für wettkampforientiertes Laufen ist eine fundierte Trainingsgrundlage notwendig. Wer Wettkämpfe bestreitet und sich in einem nicht ausreichend trainierten Zustand befindet, kann seiner Gesundheit viel mehr schaden als nützen.

Bevor ich Ihnen einen Vorschlag unterbreite, wie das Vorbereitungstraining auf einen Marathon aussehen kann, ist es sicher nützlich, wenn Sie ein paar Minuten opfern, um den einfachen Test auf Seite 116 ehrlich auszufüllen:

Test: Wettkämpfe – ja oder nein?				
1 Seit wann laufen Sie regelmäßig 2- bis 3-mal pro Woche?	Seit 2 Monaten	1		
	Seit 6 Monaten	4		
	Seit 9 Monaten	7		
	Über 1 Jahr	10		
2 Wie viel Zeit können Sie wöchentlich für das Training aufbringen?	2 Stunden	1		
	3 Stunden	4		
	5 Stunden	7		
	7 Stunden	10		
	10 bis 12 Stunden	13		
3 Sind Sie bereit, Ihre Lebensweise dem Wettkampfsport unterzuordnen?	Nein	1		
	Nur geringfügig	4		
	Wenn es notwendig ist	7		
	So gut es geht	10		
4 Sind Sie bereit, sich im Training auch zu »quälen«?	Nein	1		
	Nur selten	4		
	Wenn es notwendig ist	7		
5 Mit welchem Alter wollen Sie mit dem Wettkampfsport beginnen?	Über 40 Jahre	1		
	30 bis 40 Jahre	4		
	20 bis 30 Jahre	7		
	16 bis 20 Jahre	10		
6 Sind Sie nach eingehender sportärztlicher Untersuchung für den Wettkampfsport geeignet?	Diese wichtigste Frage wird der Sportarzt für Sie beantworten.			

40 bis 50 Punkte:
Sie bringen die Voraussetzungen für einen Rennläufer mit, sowohl vom Zeitaufwand als auch von der Einstellung her. Wie gut die Leistungen sind, hängt vom Trainingsfleiß und vom Talent ab. Voraussetzung ist jedoch das Einverständnis des Sportarztes.

30 bis 39 Punkte:
Es ist nicht unbedingt ratsam, dass Sie Wettkämpfe durchführen. Wo Ihre mangelnde Punktzahl liegt, können Sie selbst feststellen und evtl. korrigieren (wenn es um die Einstellung geht oder um die Dauer des bereits geleisteten Trainings).

Unter 30 Punkte:
Wettkampf ist nicht das höchste Ziel. Laufen Sie regelmäßig weiter und haben Sie Freude daran. Ihre Trainingsleistungen können deshalb genauso gut sein wie die eines schlecht trainierten Wettkämpfers.

Beachte:
Voraussetzung ist, dass Sie das Niveau der 12. Trainingswoche aus dem Laufprogramm 3 erreicht haben. Bitte lesen Sie auch die ausführliche Darstellung der Trainingsformen im Programm 3.

Wann habe ich zu viel trainiert?

Meist ist Übertraining erkennbar durch deutlichen Leistungsabfall. Das muss nicht allein auf Fehler in der Trainingsgestaltung zurückzuführen sein. Die Gesamtsumme der Belastungen im Training, im Beruf und im Privatleben schlägt hier zu Buche. Eine weitere Möglichkeit liegt in der falschen Ernährung. Je höher die körperliche Belastung durch ein intensives Training ist, umso stärker wirken sich Ernährungsfehler aus (siehe »Ernährung«, S. 79). Schließlich können auch nicht entdeckte Krankheiten oder Herde (Zähne, Mandeln) zu einem dramatischen Leistungsabfall führen. Da muss jeder Sportler gewissenhaft seine individuellen Problemstellungen überprüfen.
Übertraining kann sich wie folgt äußern:

Psyche
Bisher nicht gekannte Reizbarkeit, Überempfindlichkeit, Lustlosigkeit, auch innere Unruhe oder Depressionen können ein Indiz für Überforderung sein.

Leistung
Deutliches Absinken der Ausdauerfähigkeit, starke Müdigkeit, schon zu Beginn des Trainings.

Organismus
Schlechter Schlaf, Appetitlosigkeit, erhöhter Ruhepuls oder deutlich längere Pulserholungsphasen.
Eine völlige Trainingspause ist meist nicht ratsam, sondern kann zu einer Verstärkung der oben genannten Symptome führen. Leichtes und spielerisches Training, kombiniert mit Regenerationsmaßnahmen (siehe »Regeneration«, S. 76), ist meist das Beste.
Führen diese Maßnahmen nicht zu einer deutlichen Verbesserung, ist ein Sportarzt aufzusuchen, der mit einem gründlichen Checkup versucht, die Gründe aufzudecken.

Es muss nicht immer ein »Wettkampf« sein.

Läuferglück – Laufen bei schönen Naturstimmungen

Laufprogramm 4: Marathon

Woche	Montag	Dienstag	Mittwoch	Donnerstag	Freitag	Samstag	Sonntag
1	• Stretching • Krafttraining • Entspannungs-training	**16 Kilometer** Dauerlauf	**60 Minuten** Fahrtspiel	• Stretching • Krafttraining	**3 x 3 Kilometer** Wiederholungs-lauf in höherem Tempo 3 x 3 Min. Traben	**20 Kilometer** Dauerlauf	**10 Kilometer** lockerer Dauerlauf
2	• Stretching • Krafttraining • Entspannungs-training	**60 Minuten** Fahrtspiel	**16 Kilometer** Dauerlauf	• Stretching • Krafttraining	**3 x 3 Kilometer** Wiederholungs-lauf in höherem Tempo 3 x 3 Min. Traben	**10 Kilometer** lockerer Dauerlauf	**25 Kilometer** Dauerlauf
3	• Stretching • Krafttraining • Entspannungs-training	**16 Kilometer** Dauerlauf	**60 Minuten** Fahrtspiel	• Stretching • Krafttraining	**4 x 2 Kilometer** Wiederholungs-lauf in höherem Tempo 4 x 3 Min. Traben	**25 Kilometer** Dauerlauf	**10 Kilometer** lockerer Dauerlauf
4	• Stretching • Krafttraining • Entspannungs-training	**60 Minuten** Fahrtspiel	**16 Kilometer** Dauerlauf	• Stretching • Krafttraining	**5 x 2 Kilometer** Wiederholungs-lauf in höherem Tempo 5 x 3 Min. Traben	**10 Kilometer** lockerer Dauerlauf	**25 Kilometer** Dauerlauf

Laufprogramm 4: Marathon

Woche	Montag	Dienstag	Mittwoch	Donnerstag	Freitag	Samstag	Sonntag
5	• Stretching • Krafttraining • Entspannungs-training	**18 Kilometer** Dauerlauf	**60 Minuten** Fahrtspiel	• Stretching • Krafttraining	**4x3 Kilometer** Wiederholungs-lauf in höherem Tempo 4x3 Min. Traben	**28 Kilometer** Dauerlauf	**10 Kilometer** lockerer Dauerlauf
6	• Stretching • Krafttraining • Entspannungs-training	**60 Minuten** Fahrtspiel	**18 Kilometer** Dauerlauf	• Stretching • Krafttraining	**8x1 Kilometer** Wiederholungs-lauf in höherem Tempo 8x2 Min. Traben	**10 Kilometer** lockerer Dauerlauf	**28 Kilometer** Dauerlauf
7	• Stretching • Krafttraining • Entspannungs-training	**20 Kilometer** Dauerlauf	**60 Minuten** Fahrtspiel	• Stretching • Krafttraining	**4x3 Kilometer** Wiederholungs-lauf in höherem Tempo 3x3 Min. Traben	**10 Kilometer** lockerer Dauerlauf	**30 Kilometer** Dauerlauf
8	• Stretching • Krafttraining • Entspannungs-training	**60 Minuten** Fahrtspiel	**20 Kilometer** Dauerlauf	• Stretching • Krafttraining	**8x1 Kilometer** Wiederholungs-lauf in höherem Tempo 8x2 Min. Traben	**10 Kilometer** lockerer Dauerlauf	**28 Kilometer** Dauerlauf

Laufprogramm 4: Marathon

Woche	Montag	Dienstag	Mittwoch	Donnerstag	Freitag	Samstag	Sonntag
9	• Stretching • Krafttraining • Entspannungs-training	**20 Kilometer** Dauerlauf	**60 Minuten** Fahrtspiel	• Stretching • Krafttraining	**4x3 Kilometer** Wiederholungs-lauf in höherem Tempo	**10 Kilometer** lockerer Dauerlauf	**30 Kilometer** Dauerlauf
10	• Stretching • Krafttraining • Entspannungs-training	**60 Minuten** Fahrtspiel	**20 Kilometer** Dauerlauf	• Stretching • Krafttraining	**8x1 Kilometer** Wiederholungs-lauf in höherem Tempo	**10 Kilometer** lockerer Dauerlauf	**35 Kilometer** Dauerlauf
11	• Stretching • Krafttraining • Entspannungs-training	**20 Kilometer** Dauerlauf	**60 Minuten** Fahrtspiel	• Stretching • Krafttraining	**4x3 Kilometer** Wiederholungs-lauf in höherem Tempo	**10 Kilometer** lockerer Dauerlauf	**28 Kilometer** Dauerlauf
12	• Stretching • Krafttraining • Entspannungs-training	**15 Kilometer** Dauerlauf	**60 Minuten** Fahrtspiel	**8x1 Kilometer** Wiederholungs-lauf in höherem Tempo	**8 Kilometer** lockerer Dauerlauf	• Stretching	**42 Kilometer** **Marathon**

Geeignete und weniger geeignete Nahrungsmittel für die letzten Tage vor einem Ausdauer-Wettkampf (nach Breuer)		
	geeignet	**weniger geeignet**
Brot	Mischbrot, Knäckebrot, Grahambrot, Brötchen, Toast	frisches Brot, grobes Vollkornbrot
Backwaren	Biskuit, Zwieback, Honigkuchen, Reiskuchen, Früchtebrot ohne Nüsse	Frische und fettreiche Backwaren, z. B. Blätterteig, Pasteten, in Fett Ausgebackenes
Kartoffeln	gekochte Kartoffeln, Kartoffelpüree, Kartoffelklöße aus gekochten Kartoffeln, fettarme Kartoffelgerichte	Kartoffelsalat mit Mayonnaise, stark geröstete Bratkartoffeln, Kartoffelpuffer, Chips, Pommes frites
Nährmittel	Reis, Nudeln, Gries, Cornflakes, Weizenkeime, Vollkornflocken, z. B. Hafer- und Weizenflocken	alle Nährmittel in fettreicher und stark gewürzter Zubereitung
Zucker	Bienenhonig, Topigran, höhermolekulare Kohlenhydrate (Oligosaccaride)	Traubenzucker, Süßigkeiten aller Art (z. B. Schokolade, Pralinen)
Suppen, Saucen	fettarme Fleisch- und Gemüsebrühen, Instant-Suppen	fette Brühen, Mayonnaisen, Mehlschwitzen
Salat, Gemüse	Kopfsalat, Chinakohl, Tomaten, junge Kohlrabi, junge Erbsen, Möhren, Spargel, Scharzwurzeln, Blumenkohl	Gurkensalat, Hülsenfrüchte, grobe Kohlarten, Zwiebeln (roh oder in Fett gebräunt)
Obst	Birnen und Äpfel (evtl. geschält), Orangen, Grapefruit, Kompott, Apfelmus, Trockenfrüchte	unreifes Obst, rohe kernreiche Obstsorten, z. B. Pflaumen, Stachelbeeren, Johannisbeeren
Fleisch, Fisch, Geflügel	mageres Fleisch in fettarmer Zubereitung, gedünstetes Fischfilet, Geflügel gekocht, z. B. Ragout	Mett- und Bratwurst, Eisbein, paniert Gebratenes, Fischkonserven, alle fettreichen Fleischsorten
Milch, Milchprodukte	fettarme Milch, Joghurt, Speisequark bis 20 % i. Tr., Hartkäse bis 30 % Fett i. Tr.	stark gewürzte und sehr fettreiche Käsesorten
Aufschnitt	Schinken ohne Fettrand, Corned beef, Geflügelwurst, deklarierte fettreduzierte Wurst, z. B. magere Leberwurst	jede Wurst mit hohem Fettgehalt, z. B. Salami, Cervelatwurst, Teewurst
Eierspeisen	weiche oder verlorene Eier, Eierstich, leicht überbacken, z. B. im Auflauf, ohne Fett gestocktes Rühr- oder Spiegelei	hartgekochte Eier, z. B. Eiersalat mit Mayonnaise

Laufen in der Gruppe macht Spaß.

Abhärtung 77
Abmagerungskur 37
Abrollzeitraum 22
Achillessehne 46, 65
Achillessehnenproblem 45
Adrenalin 39
Aerober Bereich 40
Aggressivität 43
Agonist 60
Allergie 79
Alter 39
Alterungsprozess 40
Anfersen 28
Angst 43
Angstbewältigung 44
Antagonist 59
Appetit 37
Appetitlosigkeit 117
Aqua-Jogging 49
Armarbeit 24
Armhaltung 25
Armmuskulatur 49
Arterienverkalkung 32, 35
Arteriosklerose 35
Arthrose 32
Atemrhythmus 25
Atmung 25, 35, 93
Aufbautraining 45
Aufsetzen 21
Ausdauerfähigkeit 117
Ausdauerleistungsfähigkeit 40
Ausdauerschwimmen 50
Ausdauersport 32, 41
Ausdauertraining 35
Ausgeglichenheit 44

Babyjogger 54
Band 38, 40, 45, 61
Bauchmuskeltraining 71
Bauchspeicheldrüsenhormon 38
Befinden, seelisches 43
Bekleidung 15, 17, 19
Belastung 45
Belastungsblutdruck 32
Berglauf 50
Bergwandern 41, 50
Beruf 76
Bewegungsapparat 38, 44
Bewegungsmangel 31, 41, 59, 109
Biosystem 44
Blutdruck 34
Blutdruck, erhöhter 43
Blutfarbstoff 35
Blutfetterhöhung 32
Blutfettspiegel, erhöhter 36
Blutfettwert 34
Blutgefäße (Kapillaren) 34
Blutgerinnsel 34
Bluthochdruck 32
Bluthochdruck-Erkrankung 34
Blutversorgungsnetz 34
Blutzucker 34
Brustmuskel 63
Brustmuskeltraining 74
Bürstenmassage 46

Cerutti 24
Cholesterin 32, 34
Cholesterin HDL 35
Cholesterinwert 34

Dauerlauf 109
Dauerüberforderung 76
Dehnmethode 61
Dehnphase 62
Depression 41, 117
Diabetes 34
Diagonalschritt 21
Distress 41, 43
Durchblutung 32, 61, 77
Dystonie, vegetative 43

Ehrgeiz 76
Eierstockhormon 39
Einlage 12
Einsamkeit 43
Einsteiger, sportliche 103
Eis 93
Eisenpräparat 54
Elektrolytdrink 89
Entmüdungsbad 77
Entspannungsfähigkeit 61
Erhitzen 81
Erkältung 19, 48
Erkrankung 76
Erkrankung der Muskulatur 31
Erkrankung des Bewegungsapparates 32
Erkrankung, organische 31
Erkrankung, psychiatrische 31
Ermüdung 76
Ernährung 31, 36, 41, 79
Ernährungsfehler 79, 117
Erschöpfung 43
Essenspausen 57
Eustress 41
Extrahieren 81

Fahrrad 46
Fahrradergometer 46
Fahrtspiel 110, 111
Fahrtspielschwimmen 50
Fartlek 110
Faust 25
Fehlstatik 46
Feldwege 92
Fersenläufer 21, 22
Fertigprodukte 83
Fettsucht 36
Fettverbrennung 94
Fettverbrennungslauf 54
Formschwankung 76
Frau 52
Frühjahr 17, 19

Fußdeformität 10
Fußfehlstellung 45, 46
Fußgelenktraining 68
Fußproblem 11
Fußstellung 10

Gallenstein 36
Gefäßschädigung 32
Gefäßverengung 34
Gehen 21
Geländearten 13
Gelenkkapsel 61
Gelenkknorpel 38
Gesamtcholesterin 34
Gesäßmuskulatur 63
Gesichtsmuskulatur 25
Gesundheit 31
Gesundheitsbewusste 103
Gesundheitsläufer 103
Gesundheitssystem 31
Getränk, colahaltig 79
Gewebeart 45
Gicht 36
Grundkondition 48
Gymnastik 60, 66
Gymnastikprogramm 67, 76

Halbmarathon 109
Halswirbelsäule 69
Hämoglobin 35
Hämoglobinwert 35
Handhaltung 24, 25
Handschuhe 17
Hautkrankheit 79
HDL 34
Herbst 17, 19
Herz 34
Herzerkrankung, koronare 32
Herzfrequenz 94
Herzinfarkt 35, 36
Herz-Kreislauf-Erkrankung 31, 32, 40
Herz-Kreislauf-System 50
Herzmuskulatur 32
Hetze 41
Heublumenpackung 46
High-Density-Lipoproteine 34
Hitze 93
Höchstleistungsfrequenz 95
Hodenhormon 39
Hohlfuß 10
Hopserlauf 28
Hormon 38
Hormonproduktion 39
Hormonschutz 54
Hüftgelenk 69
Hunde 55
Hundebesitzer 55
Hunger 37
Hungerdiäten 36
Erkrankung, hypokinetische 31
Hypophysenhormon 38

Infekt, grippalen 78
Insuffizienz, venöse 32
Intervallschwimmen 50
Intervalltraining 111

Jacke, winddicht 17
Jogging 21

Kalorien 37
Kalorienverbrauch 37
Kälte 93
Kälteempfindlichkeit 45
Kapillar 33
Kinder 56
Kinder, übergewichtige 56
Knie 45
Kniehebelauf 27
Knieproblem 46
Knochen 45
Knochenbau 54
Knorpelgewebe 45
Kohlenmonoxid 36
Konservieren 81
Kopfbedeckung 16
Kopfhaltung 24
Kopfschmerz 43
Körperfett 52
Körpergewicht 13, 36
Körperhaltung 24
Körperschwerpunkt 22, 23
Körpersignale 76
Körperwärme 17
Körperzelle 34
Krafttraining 60, 70
Krafttrainingsprogramm 71

Laufen 41
Laufgelände 13
Laufgeschwindigkeit 21, 22, 110
Laufgruppe 90
Lauf-Kinderwagen 54
Laufprogramm 90
Laufprogramm 1 93
Laufprogramm 2 103
Laufprogramm 3 109
Laufprogramm 4 115
Laufschuh 10, 12, 15
Laufschule 27
Laufspiel 56
Laufstil 21, 24
Lauftechnik 21
Lauftraining 52
LDL 34
Lebensenergie 44
Lebensmittel, bearbeitete 82
Lebensmittel, Bearbeitung der 81
Lebensmittel, temperaturbehandelte 82
Lebensmittel, unveränderte 82

Lebensmittel, verarbeitete 82
Lebensmittelqualität 81
Lebensmittelsubstanzen, isolierte 83
Leiste 15
Leiste, gebogene 12
Leiste, gerade 12
Leistenform 12
Leistenmodell 12
Leistungsabfall 104
Leistungsdruck 41, 43
Leistungsfähigkeit 40, 103
Leistungsschwäche 76
Leistungsstagnation 76
Leistungstief 76
Limonade 79
Lipoproteine 35
Low-Density-Lipoproteine 34
Luftaustausch 25
Lunge 35
Lungenbelüftung 35
Lustlosigkeit 104, 117

Marathon 115
Maximalbelastung 40
Maximalkraft 41
Menstruation 54
Menstruationsbeschwerden 54
Mineralien 89
Mineralstoff 83, 89
Mineralstoffvergiftung 89
Mineralwasser 89
Mittelfußläufer 21, 22
Mittelstreckenlauf 22
Mobilisationsprogramm 67
Mountainbike 48
Müdigkeit 104, 117
Muskel 45
Muskelhülle 61
Muskeln 61
Muskelpumpe 34
Muskelspannung 60, 61, 62
Muskeltonus 61
Muskeltraining 38
Muskelverhärtung 17, 61
Muskelverkürzung 46
Muskelverspannung 17
Muskuläre Dysbalancen 59
Muskulatur 38
Muskulatur, phasische 60
Muskulatur, tonische 59

Nährstoffaufnahme 89
Nahrungsmenge 37
Nahrungsmittelunverträglichkeit 79
Nässeempfindlichkeit 45
Nebennierenhormon 39
Nervensystem, vegetatives 43
Nervosität 43
Netzhemd 16
Nierenstein 36
Noradrenalin 39
Nowax-Ski 52

O-Beine 10
Oberkörper 24
Oberkörpermuskulatur 25, 49
Oberschenkelinnenseite 63
Oberschenkelmuskulatur 62
Oberschenkelvorderseite 64
Orthopäden 45
Osteoporose 32, 38

Pressatmung 40
Psyche 41, 117
Pulsfrequenz 93, 94, 95
Pulskontrolle 94
Pulsmesser 94

Rad fahren 41, 47, 48
Radsporttraining 48
Radtraining 48
Regeneration 45, 60, 76
Regeneration, aktive 76
Regeneration, passive 77
Regenerationsfähigkeit 45
Regenerationsmassage 78
Regenjacke 19
Reizbarkeit 117
Rennrad 48
Risikofaktor 31
Rückenmuskulatur 51
Rückenschmerz 43, 89
Rückentraining 72
Ruheblutdruck 32
Ruhepuls 95
»runner's high« 43

Sauerstoffaufnahme 36, 94
Sauerstoffaufnahme, maximale 54
Sauerstoffdusche 36
Sauerstoffmangel 32
Sauerstoffverbrauch 32, 94
Sauerstoffversorgung 32, 34, 35
Saunabad 77
Schäden, körperliche 31
Schäden, seelisch-nervliche 31
Schilddrüsenhormon 38
Schlaganfall 32, 35, 36
Schlankheit 36
Schleimbeutelentzündung 45
Schnee 93
Schnellkraft 40
Schrittfrequenz 24
Schrittlänge 21, 23
Schuhauswahl 10
Schuhbreite 12
Schuheinlage 15
Schuhgröße 12, 15
Schuhkauf 15
Schulterkreisen 67

Schultermuskulatur 75
Schweiß 38
Schweißabsonderung 38
Schweißverlust 89
Schwimmen 41, 48
Schwimmtraining 49
Schwitzen 38, 89
Schwitzen, nervöses 43
Sehne 38, 40, 45, 61
Seitneigung 67
Selbstachtung 44
Senkfuß 10
Skating-Ski 52
Skating-Technik 52
Skilanglauf 41, 51
Skilauf, alpiner 44
Skipping 27
Socke 46
Speckpolster 36
Spielpausen 57
Sportart 40
Sportarzt 45
Sport-BH 54
Spreizfuß 10
Sprinter 22
Spurenelement 83, 89
Stoffwechsel 37
Stoffwechselerkrankung 31, 32
Störung, körperliche 43
Störung, psychische 43
Stress 34, 76
Stressbewältigung 44
Stressfaktor 43
Stresshormon 39
Stretching 46, 60, 61, 62, 76
Stretching, passives statisches 62
Stretchübung 62
Superkompensation 103, 104
Supination 10
System, hormonelles 38

Tablette 41
Technik, klassische 52
Temperatur 19
Tempolauftraining 111
Tempowechsel 57
Test 115, 116
Thera-Band 70
Thrombose 34
Thrombosegefahr 32
Tonus 62
Trablaufen 21
Trainingsgelände 90
Trainingsgestaltung 117
Trainingslehre 103
Trainingsmangel 31
Trainingspausen 76
Trainingspensum 76, 93
Trainingsprogramm 109
Trainingsstrecke 90
Trinken 89, 93

Überdruss 41
Überempfindlichkeit 117
Übergewicht 32, 36, 45, 56
Überlastung 57
Überlastungsschäden 44, 45, 48, 60
Überpronation 10
Übersetzen, seitliches 29
Übertraining 76, 117
Umziehen 19
Ungeduld 43
Unruhe 117
Unterkühlung, örtliche 48
Untersuchung, sportmedizinische 50
Untrainiert 34

Venen 34
Venenerkrankung 32
Verdauungsproblem 43
Verdunstungsstau 19
Verletzungsgefahr 61
Verletzungsproblem 60
Verschleißerscheinung 44
Verschlusskrankheit, arterielle 32, 34
Verspannung 43, 76
Vitalität 44
Vitamin 79, 83
Vitaminvergiftung 89
Vollwertkost 84
Vorfußläufer 21, 22

Wadenmuskulatur 65
Waldwege 92
Wandern 41
Waschmaschine 15
Wasser 89
Wasserbedarf 89
Wasserblasen 46
Wassergymnastik 49
Wasserverlust 89
Wechselbad 46, 77
Wechselduschen 76
Wiederaufbau 44
Wiedereinsteiger 103
Wiederholungstraining 111
Wind 19
Windgeschwindigkeit 19
Winter 17, 19
Wirbelsäule 69
Wirbelsäulenerkrankung 32
Wirkung 32
Wohlstand 41
Wollmütze 93

X-Beinstellung 10

Zeitstress 41
Zerkleinern 81
Zigarettenkonsum 43
Zuckerkrankheit 32, 34, 36
Zwerchfell 36

Für die Trainingspraxis

Dr. med. Thomas Wessinghage
Laufen
Der Lauf-Klassiker – komplett überarbeitet mit neuen Fotos; neue Erkenntnisse zu Lauftechnik, Ausrüstung und Training; Laufen und Gesundheit.

Samantha Murphy
Lauf-Guide speziell für Frauen
Laufen für die Gesundheit, als Herausforderung, zum Spaß, für die Fitness, zum Ausgleich, zum Abnehmen, gegen den Stress, fürs Selbstvertrauen, zum Abschalten.

Joachim Stall / Matthias Klumpp
GO – Laufen mit Musik
Empfohlen von Sportmedizinern der Laufszene: Laufen mit Musik, deren Rhythmus auf die individuelle Schrittzahl abgestimmt ist; Grundlagen und Trainingspläne.

Carolin Schricker /
Dr. med. Walter Eichinger /
Prof. Dr. med. Rüdiger Lange
Walking
Walking für verschiedene Zielgruppen, sportmedizinische Grundlagen, Training, Technik; Variationen – z. B. Nordic-, Aqua- und Power-Walking; Ausrüstung und Ernährung.

Wilfried Raatz
Marathon
Laufstil, Ausrüstung, Ernährung, Laufpsychologie, Regeneration; Training: Methodik, Formen, Steuerung, Planung; die besten Marathon-Events.

BLV Sportpraxis Top
Wolfgang Mießner
Richtig Trainieren mit der Pulsuhr
Für Freizeit- und Gesundheitssport: herzfrequenz-kontrolliertes Training mit der Pulsuhr; sportbiologische und sportmedizinische Grundlagen.